HOBBY Horsing

Nadine Abruzzese

HOBBY Horsing

Die Steckenpferdewelt

Basteln, Reiten, Spielen

Inhalt

Dein Pferd

Die Reitausrüstung

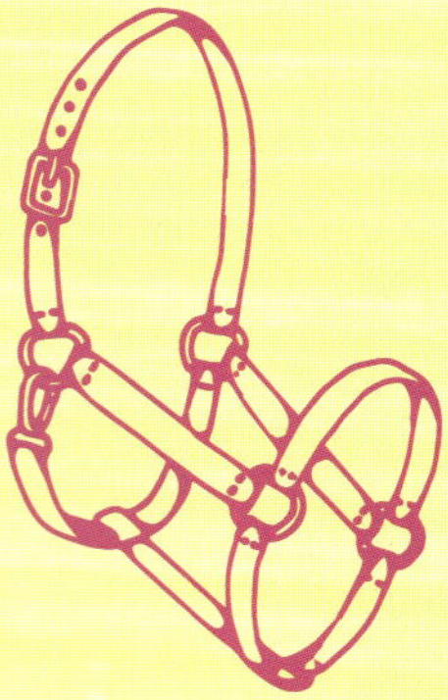

Das Training

Zu Hause und unterwegs

VORLAGEN-DOWNLOAD

Die Vorlagen in diesem Buch stehen auch in deiner Digitalen Bibliothek unter www.topp-kreativ.de/digibib nach erfolgter Registrierung zum Ausdrucken bereit. Den Code zum Freischalten findest du im Impressum.

Ich bastle mir die Welt, wie sie mir gefällt!

Mein Name ist Nadine Abruzzese, ich bin 32 Jahre alt und Mutter von zwei Kindern. Neben meinem Beruf als Industriekauffrau liebe ich die Reiterei und kreative Projekte, egal ob basteln, malen, nähen, modellieren oder werkeln mit Holz.

Anfang 2019 wollte ich im Reitverein bei mir einen Kurs für Kinder anbieten, der dazu ermutigt der Fantasie und Kreativität freien Lauf zu lassen – verbunden mit Pferden und Bewegung. Doch es gab nur wenige Pferde, die zur Verfügung standen. Glücklicherweise entdeckte ich Hobby Horsing, ein Trend aus Skandinavien, bei dem sich Kinder einfach eigene Pferde und Ponys nähen – perfekt!

Schnell musste ich feststellen, dass es kaum Anleitungen und Vorlagen auf Deutsch gab. Also fing ich an zu schreiben, malen, basteln und werkeln. Den Kindern in meinem Kurs gefällt die Mischung aus Sport, Basteln und Pferdewelt. Sie sind begeisterte Reiter, ganz ohne echte Pferde.

In diesem Buch warten verschiedene Bastelanleitungen, Parcours und Dressuraufgaben auf dich. Schritt für Schritt kannst du dir dein eigenes Hobby Horse und das passende Zubehör basteln. Zähme dein Pferd und werde mit dem richtigen Training und der Ausrüstung ein echter Profi im Hobby Horsing. Das nächste Turnier startet bestimmt schon bald!

Nadine A.

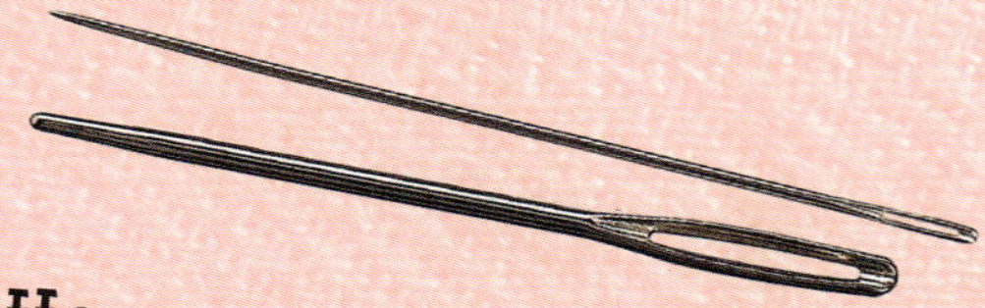

Bodenwischtuch

Bodenwischtücher lassen sich super vernähen, sind blickdicht, stark und gut bemalbar. Mein Geheimtipp für den Kopf vom Hobby Horse!

Bohrmaschine

Zum Bauen der Hindernisse, des Balancierbalkens und des Stalls brauchst du eine Bohrmaschine oder einen Akkuschrauber. Lass dir dabei immer von einem Erwachsenen assistieren.

Farbe

Zum Bemalen des Bodenwischtuchs und Boxenschilds können normale Acrylfarben verwendet werden. Für die Fellstoffe sind Stoffmalfarben besser geeignet.

Filz

Der Filz darf nicht zu dünn sein, sonst reißt er beim Nähen schnell ein. Eine Dicke von 4–5 mm ist ideal für die Hobby Horse Decke und 2–3 mm für die Fliegenhaube.

Füllwatte

Dein Hobby Horse wird mit Watte gefüllt, damit es seine Form bekommt. Im Fachhandel gibt es Füllwatte zu kaufen, alternativ kannst du auch Watte aus einem alten Kissen verwenden.

Handnähnadeln

Nähst du ohne Maschine, dann brauchst du dafür Handnähnadeln. Diese gibt es in unterschiedlichen Stärken. Für die Modelle in diesem Buch benötigst du Nadeln in der Stärke 3-9 – je größer die Nummer, desto feiner die Nadel. Die dickeren Nadeln sind für den Fleece, die dünneren für feinen Stoff. Probiere zu Beginn aus, mit welcher Nadel du am besten klarkommst.

Holz

Für einen stabilen Stall, einen belastbaren Balancierbalken und standfeste Hindernisse arbeitest du mit Holz. Auch das Boxenschild wird aus Holz gefertigt.

Material & Grundanleitung

Kunstleder

Kunstleder gibt es in verschiedenen Farben. Im Buch wird es in Schwarz für Augen und Reithalfter verwendet.

Maßband

Das Maßband brauchst du, um die Ausrüstung auf dein Hobby Horse abzustimmen. Es hilft dir beim Ausmessen von Stoffstücken, Bändern und Holz sowie beim Übertragen von Vorlagen.

Nähgarn

Nähgarn gibt es in verschiedenen Farben und Stärken. Nimm möglichst Garn in der Farbe von deinem Stoff, dann fällt auch mal ein kleiner Fehler nicht so auf. Am besten eignet sich Universal-Nähgarn. Achte auf eine gute Qualität, sonst kann es passieren, dass der Faden oft reißt.

Nähmaschine

Für Anfänger sollte die Maschine einfach und robust zu bedienen sein. Es gibt spezielle Kindernähmaschinen, die für den Einstieg super geeignet sind.

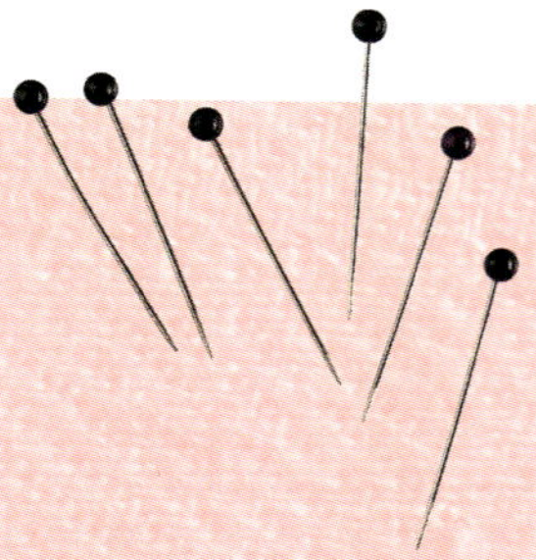

Rundstab (Besenstiel)

Der Stab von deinem Hobby Horse sollte etwa einen Durchmesser von 2-3 cm und eine Länge von 70 cm haben. Die richtige Länge für dich zum Springen testest du am besten an einem niedrigen Hindernis aus.

Schere

Zum Zuschneiden der Stoffe brauchst du eine gute Schere. Im Fachhandel gibt es spezielle Stoffscheren zu kaufen.

Stecknadeln

Einzelne Stofflagen oder Vorlagen werden mit Stecknadeln zusammengesteckt, damit sie beim Nähen nicht verrutschen können.

Stoff

Es gibt unterschiedliche Fellimitat-Stoffe, die du für dein Hobby Horse verwenden kannst, z. B. Wellnessfleece, Kuhmusterstoff oder Plüschstoff. Achte darauf, dass der Stoff nicht zu elastisch ist!

Textilkleber

Textilkleber kannst du zum Ankleben der Augen und Nüstern auf Fleece benutzen. Ist dein Hobby Horse aus Stoff, empfehle ich allerdings beides anzunähen.

Transparentpapier

Zum Abpausen der Schnittmuster legst du das Transparentpapier auf den Schnittmusterbogen und zeichnest alle Linien mit einem Bleistift nach. Dann schneidest du das Motiv mit einer Papierschere aus.

Wolle

Die Mähne vom Hobby Horse wird meist aus Wollgarn gemacht. Je dünner die Wolle ist, umso mehr Fäden brauchst du für die Mähne. Wenn du unterschiedliche Farbtöne nimmst, kann das einen schönen Effekt haben.

Weitere Materialien:

- FIMO®
- Klettband
- Karabiner
- Schlüsselringe
- Satinbänder
- Strasssteine
- Zierborten

Material & Grundanleitung

Nähen

Stoffzuschnitt

Schneide die Stoffteile gemäß deiner Vorlage aus. Wenn zwei Lagen gleichzeitig geschnitten werden sollen, hefte die Stoffe vorher mit Stecknadeln zusammen.

Rechte und linke Stoffseite

Die rechte Stoffseite ist beim fertigen Modell außen zu sehen. In diesem Buch auch Fellseite genannt. Die Rückseite wird im Buch als linke Stoffseite oder Nichtfellseite bezeichnet.

Nahtzugabe

An fast jeder Naht ist eine Nahtzugabe. So nennt man den Stoffrand zwischen Naht und Schnittkante. Ohne sie, hält die Naht nicht gut. In der Regel sind Nahtzugaben 1 cm breit. Möchtest du ein Stoffteil mit Nahtzugaben zuschneiden, zeichnest du vor dem Zuschneiden eine Linie im Abstand von 1 cm rund um das Schnittmuster auf den Stoff und schneidest das Stoffteil dann entlang dieser Linie aus.

Stoffbruch

Wird ein Stoff zusammengefaltet, heißt die Linie, an der der Stoff umgefaltet wird, Stoffbruch.

Legende

SCHNITTKANTE

NAHTLINIE

FALTLINIE

Steppstich

Mit dem Steppstich nähst du zwei Stoffteile fest zusammen. Er sieht aus wie eine durchgezogene Linie. Binde einen Knoten in das Fadenende. Die Nadel von unten durch den Stoff stechen und den Faden bis zum Knoten durchziehen. Dann von oben nach unten durch den Stoff stechen und kurz danach wieder nach oben. Die Nadel am Ende vom vorigen Stich nach unten durchstechen und etwas weiter vorn wieder nach oben und immer so weiter. Am Ende nähst du den Faden mit ein paar Stichen auf der Stelle fest.

Schlingenstich

Der Schlingenstich wird meist um Kanten gestickt. Binde einen Knoten in das Fadenende. Die Nadel im gewünschten Abstand zur Kante von unten durch den Stoff stechen. Im gleichen Abstand stichst du etwas weiter links wieder von unten nach oben durch den Stoff, so entsteht eine Schlinge. Führe die Nadel durch die Schlinge und mach den nächsten Stich wieder etwas weiter links und immer so weiter. Am Ende nähst du den Faden mit ein paar Stichen auf der Stelle fest.

Dein Pferd

Der Traum vom eigenen Pferd wird endlich wahr: dein Hobby Horse! Ob gefleckt, langes Zottelfell, wallende Mähne oder kurze Stoppeln – du entscheidest, wie dein Pferd aussehen soll, wie es heißt und welcher Charakter sich entwickelt. Denn auch ein Hobby Horse braucht Annerkennung und Liebe, ansonsten wird es störrisch und wild.

Calzino
Seite 20

Rasse: Irish Sock
Charakter: intelligent, freundlich, dickköpfig
Talent: Balancierbalken

Wipi
Seite 22

Rasse: Keinhorn
Charakter: wild, gutmütig, weise
Talent: Springen

Palomina
Seite 28

Rasse: Deutsches Reitpony
Charakter: freundlich, ausgeglichen, gehorsam
Talent: Springen und Balancierbalken

Steckbriefe

Majo
Seite 24

Rasse: Andalusier
Charakter: mutig, intelligent, treu
Talent: Dressur und Springen

Schoko
Seite 29

Rasse: Araberpinto
Charakter: ausdauernd, lern-bereit, temperamentvoll
Talent: Dressur und Distanz

Liva
Seite 30

Rasse: Mustang
Charakter: feurig, genügsam, ausdauernd
Talent: Springen

Horse Calzino

Modellgröße
30 x 25 cm

Du brauchst
- Wollsocke, Größe 43–45
- Kunstleder in Schwarz
- Filzreste in Weiß
- Rundstab, ø 2,4 cm, 75 cm lang
- Wolle in Schwarz und Weiß
- Füllwatte
- Satinband in Blau, 30 cm lang
- Stumpfe Sticknadel
- Textilkleber
- Bürohefter

Vorlagen
auf Vorlagebogen

1 Als Erstes stopfst du die Socke mit Füllwatte aus, bis sie prall gefüllt ist.

2 Anschließend den Holzstiel passend für dich kürzen, auf ca. 60 cm. Den gekürzten Stiel in die Socke stecken und das Sockenende mit Wolle festbinden. Zur Zier wird darüber das Satinband verknotet.

3 Nimm die schwarze Wolle und wickle sie ca. 30-mal um ein 10 cm breites Buch. Von einer Seite schneidest du die Schlaufen auf. Dadurch hast du nun viele gleichlange Wollfäden. Immer ein Wollfaden wird mit der Nadel durch die Socke gefädelt, dort, wo Mähne und Schopf sitzen sollen. Dann die beiden Enden vom Wollfaden miteinander verknoten. Das wiederholst du so lange, bis die Mähne schön dicht ist. Misch zwischendurch ein paar weiße Fäden ein.

4 Übertrage die Vorlage für die Ohren auf den Filz, die Vorlagen für Augen und Nüstern auf das Kunstleder. Schneide alle Teile aus.

5 Falte die Ohren unten Kante auf Kante mit den Fingern zusammen und klebe sie so am Pferdekopf fest. Dann klebst du Augen und Nüstern auf. Fixiere die Teile mit Stecknadeln bis der Kleber vollständig getrocknet ist.

6 Mit einem Maßband misst du ca. 2 cm hinter den Nüstern den Umfang vom Kopf. Schneide dir in der Länge des Umfangs ein 1,5 cm breites Kunstlederband zurecht. Das Band legst du zu einem Kreis, bei dem sich die Enden 1 cm überschneiden. An dieser Stelle heftest du den Kreis zweimal zusammen.

7 Zieh das Nasenband über die Nase deines Pferdes. Es sollte straff sitzen und nicht rutschen.

Tipp

Als Zügel kannst du einfach ein 50 cm langes Satinband rechts und links an das Nasenband knoten.

Horse Wipi

Modellgröße
ca. 35 x 25 cm

Du brauchst
- Bodenwischtuch
- 2 Filzstreifen in Pink, 30 x 5 cm
- Filzstreifen in Rosa, 10 x 7 cm
- Filzreste in Schwarz und Rosa
- Rundstab, ø 2,4 cm, 75 cm lang
- Füllwatte
- Juteband
- Dekobänder
- Kordel
- Nähgarn
- Textilkleber

Schnittmuster
auf Vorlagebogen

1 Übertrage die Vorlagen für Wipi auf Transparentpapier und schneide sie aus. Die Vorlagen für Kopf und Ohren zeichnest du einmal von rechts und einmal von links (spiegelverkehrt) auf das Bodenwischtuch. Nimm dir Stecknadeln zur Hilfe damit das Papier dabei nicht verrutscht. Schneide die Teile aus.

Tipp

Für eine andere Fellfarbe malst du dein Hobby Horse jetzt mit Acrylfarbe an. Ideen findest du auf Seite 32 und 33.

2 Für die Mähne nimmst du die pinken und rosa Filzstreifen und schneidest entlang der langen Seite 1 cm breite Streifen etwa 4-6 cm tief ein.

3 Lege die Kopfteile Nichtfellseite auf Nichtfellseite. Zusätzlich legst du die Filzstreifen als Mähne und Schopf 3 cm tief zwischen die beiden Teile, sodass die eingeschnittene Seite draußen ist. Als Zier ergänzt du ein paar längere Dekobänder. Jetzt werden die Kopfteile zusammengenäht, nur der Bereich unten am Stecken bleibt offen. Durch das Loch stopfst du den Kopf mit Füllwatte aus.

4 Die Vorlage für die Wimpern überträgst du zweimal auf schwarzen Filz und schneidest sie aus. Klebe die Wimpern an den Kopf.

5 Übertrage die Vorlage für das innere Ohr zweimal auf deine rosa Filzreste. Schneide die Teile aus.

6 Nimm die Ohren aus Schritt 1, lege je ein rosa Innenteil hinein und drück die Kanten unten etwas zusammen. Fixiere dies mit 4 Stichen, dabei entstehen kleine Falten, die die Ohren formen.

7 Die fertigen Ohren nähst du am höchsten Punkt jeweils links und rechts an die Seiten des Pferdekopfs.

8 Zum Schluss schiebst du vorsichtig den Holzstab in die Öffnung unten am Kopf, bis er sicher sitzt und bindest mit Juteband alles fest.

Horse MAJO

Modellgröße
40 x 30 cm

Du brauchst
- Fellstoff in Weiß, 100 cm x 150 cm
- Kunstleder in Schwarz, 10 x 10 cm
- Rundstab, ø 2,4 cm, 75 cm lang
- Wolle in Weiß
- Füllwatte
- Nähgarn
- Textilkleber (optional)

Schnittmuster
auf Vorlagebogen

Kopf

1 Übertrage die Schnittmuster und Vorlagen für Kopf, Ohren, Augen und Nüstern auf Transparentpapier und schneide diese aus.

2 Die Muster für Kopf und Ohren heftest du mit Stecknadeln vorsichtig auf deinen Stoff, damit nichts verrutschen kann. Beachte bei allen Teilen, bis auf den Streifen, eine Nahtzugabe von 0,7 cm. Zeichne einmal von rechts und einmal von links (spiegelverkehrt) um die Vorlage für den Kopf. Die Ohren zeichnest du viermal auf. Alles ausschneiden. Zuletzt einen 6 cm breiten Streifen ausschneiden, der so lang ist wie der Außenumriss des Pferdekopfes.

3 Lege die beiden Pferdekopfteile Fellseite auf Fellseite bündig aufeinander und schneide den Maulbereich wie im Schnittmuster eingezeichnet 6 cm auf.

Tipp

Zum Üben kannst du anfangs ein Hobby Horse ohne Maul nähen. Dafür die Einschnitte am Maul weglassen.

Weiter auf Seite 26 →

4 Jetzt nimmst du den Streifen und steckst ihn mit Stecknadeln Fellseite auf Fellseite und Kante an Kante an einem Pferdekopfteil fest. Der Bereich unten am Stecken bleibt offen, damit du das Hobby Horse befüllen kannst.

5 Auf der Nichtfellseite wird der Streifen nun entlang der Linie festgenäht. Beginne am Maul und lege den Streifen in Form einer Schlangenlinie, an der Kante entlang. Kontrolliere zwischendurch, ob du gerade bist und an der Kante, sonst ist das Maul deines Hobby Horses später schief. Damit der Stoff sich schön legt, solltest du die Nahtzugabe an den Rundungen etwas einschneiden.

6 Stecke die zweite Pferdekopfseite Fellseite auf Fellseite und Kante auf Kante am Mittelstreifen fest und nähe die Teile wie zuvor zusammen. Achte darauf, dass du die andere Pferdekopfseite nicht aus Versehen mit vernähst und lass unten eine Öffnung zum Befüllen.

7 Du wendest den Pferdekopf, indem du die Innenseite nach außen krempelst.

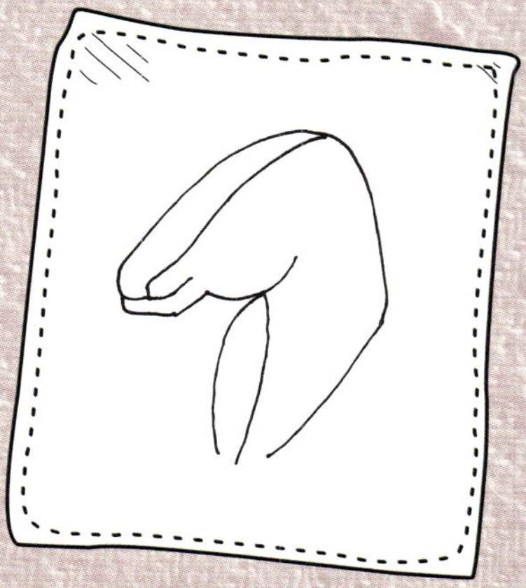

Weiter geht es mit den Augen und Nüstern, übertrage die Vorlagen dafür jeweils zweimal auf Kunstleder und schneide diese aus. Nähe oder klebe die Augen und Nüstern an dein Hobby Horse an. Stopfe das Pferd mit Füllwatte aus. Anschließend schiebst du vorsichtig den Holzstab hinein, bis er sicher sitzt, und bindest darum den Fellstoff mit einem langen Wollfaden fest.

Ohren

8 Nähe je zwei Ohrteile Fellseite auf Fellseite zusammen – schneiden dafür die Nahtzugabe an den Rundungen ein. Ohren umkrempeln und mit etwas Füllwatte befüllen. Für die typische Ohrenform faltest oder drückst du die Kanten unten am Ohr zusammen. Lege das Ohr so auf die Seite und nähe unten mit 1 cm Abstand zur Kante das Ohr zu.

9 Am höchsten Punkt des Kopfes nähst du die Ohren links und rechts von Hand an. Falte dafür die Naht unten so, dass sie verschwindet, wenn du die Ohren am Kopf anbringst. Achte darauf, dass du die Ohren auf gleicher Höhe festnähst.

Mähne

10 Nimm die weiße Wolle und schneide einen Faden ab, der etwa 10 cm länger ist als der Hals deines Pferdes. Nähe den Faden zwischen den Ohren in der Mitte des Halses und unten am Stecken mit zwei bis drei Stichen fest.

11 Die gleiche Wolle wickelst du bis zu 20-mal von oben nach unten um ein großes Buch. Schneide die Wolle an einer Seite auf. Die entstandenen Wollfäden knüpfst du wie abgebildet an den Faden auf dem Hals an. Du kannst bis zu fünf Stück auf einmal nehmen.

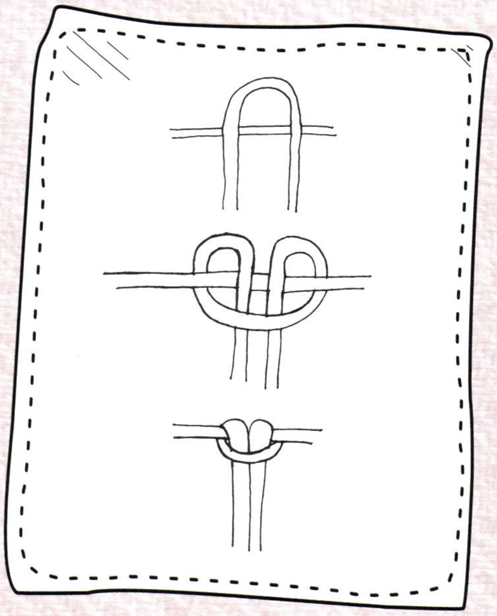

Tipp

Frisurenideen für die Mähne findest du auf Seite 31.

Horse Palomina

Modellgröße
ca. 40 x 30 cm

Du brauchst
- Fellstoff in Hellbraun, 100 cm x 150 cm
- Fellstoff in Creme, 20 cm x 40 cm
- Kunstleder in Schwarz, 10 x 10 cm
- Rundstab, ø 2,4 cm, 75 cm lang
- Wolle in Weiß
- Füllwatte
- Nähgarn
- Textilkleber (optional)

Schnittmuster
auf Vorlagebogen

Folge den Schritten 1-9 in der Anleitung Horse Majo (s. Seite 24-27). Beachte die anderen Stoff- und Wollfarben für dieses Pferd.

10 Überlege dir eine Form für die Blesse deines Pferdes, z. B. von der Stirn bis zur Nase oder ein Stern. Am Kopf misst du aus, wie lang und breit die Blesse wird.

Tipp

Die Blesse schön oval und geschwungen malen. Dadurch sieht sie natürlicher aus.

11 Male die Blesse mit deinen Maßen auf ein Blatt Papier und schneide sie aus. Das ist deine Schablone, die du mit Stecknadeln auf den cremefarbenen Stoff heftest.

12 Schneide den Stoff aus. Die Blesse befestigst du mit Stecknadeln an dein Hobby Horse und nähst sie dann mit einem einfachen Schlingenstich fest.

13 Beende dein Hobby Horse wie in den Schritten 10-11 in der Anleitung Horse Majo (s. Seite 27) beschrieben.

Horse Schoko

Modellgröße
40 x 30 cm

Du brauchst
- Fellstoff in Creme, 100 cm x 150 cm
- Fellstoffreste in Hellbraun und Dunkelbraun
- Kunstleder in Schwarz, 10 x 10 cm
- Rundstab, ø 2,4 cm, 75 cm lang
- Wolle in Hellbraun und Schwarz
- Füllwatte
- Nähgarn
- Textilkleber (optional)

Schnittmuster
auf Vorlagebogen

Folge den Schritten 1-9 in der Anleitung Horse Majo (s. Seite 24-27). Beachte die anderen Stoff- und Wollfarben für dieses Pferd.

10 Überlege dir als Erstes, wie viele Flecken dein Hobby Horse bekommen soll und in welcher Farbe – unterschiedliche Größen sehen natürlicher aus.

11 Male die verschiedenen Flecken auf ein Blatt Papier und schneide diese aus. Das sind deine Schablonen, die du mit Stecknadeln auf den hellbraunen und dunkelbraunen Stoff heftest.

12 Schneide den Stoff aus und befestige die Flecken mit Stecknadeln kreuz und quer an dein Hobby Horse. Die Flecken werden mit einem einfachen Schlingenstich festgenäht.

13 Beende dein Hobby Horse wie in den Schritten 10-11 in der Anleitung Horse Majo (s. Seite 27) beschrieben. Für die Stehmähne bastelst du Quasten in verschiedenen Farben (s. Seite 31).

Hinweis

Bei Schoko sind die Flecken Teil vom Fellstoff. Die Anleitung erklärt, wie du die Flecken selber machst.

Horse Liva

Modellgröße
40 x 30 cm

Du brauchst
- Fellstoff in Creme, 100 cm x 150 cm
- Kunstleder in Schwarz, 10 x 10 cm
- Rundstab, ø 2,4 cm, 75 cm lang
- Wolle in Hellbraun und Weiß
- Acrylfarbe in Schwarz, Grau und Weiß
- Glitzerband
- Füllwatte
- Nähgarn
- Textilkleber (optional)

Schnittmuster
auf Vorlagebogen

Folge den Schritten 1-9 in der Anleitung Horse Majo (s. Seite 24-27). Beachte die anderen Stoff- und Wollfarben für dieses Pferd.

10 Befeuchte die Schnauze deines Hobby Horses mit Wasser. Mit einem Schwamm tupfst du schwarze Farbe eng um die Nüstern und das Maul und das Auge. Wechsle zur grauen Farbe und betupfe damit den Bereich rund um Nüstern und Maul.

11 Die weiße Farbe tupfst du nun großzügig als Kontur um die graue Farbe, dabei dürfen die Farben am Rand ruhig ineinander verlaufen. Alles gut trocknen lassen. Gegebenenfalls nochmals nacharbeiten, falls der Stoff die Farbe stark aufgesogen hat.

12 Beende dein Hobby Horse wie in den Schritten 10-11 in der Anleitung Horse Majo (s. Seite 27) beschrieben. Für die mehrfarbige Mähne verwendest du verschiedenfarbige Wollfäden und glitzernder Bänder.

Tipp

Achte drauf einen Stoff zu wählen, der sich gut bemalen lässt. Je länger das Fell deines Hobby Horses ist, umso schlechter lässt es sich bemalen.

Mähnen

Lange Mähne

1 Nimm die Wolle deiner Wahl und wickle diese mindestens 30-mal um ein Buch. Umso größer das Buch ist, desto länger wird die Mähne. Schneide die Wolle nach dem Wickeln an einer Seite auf.

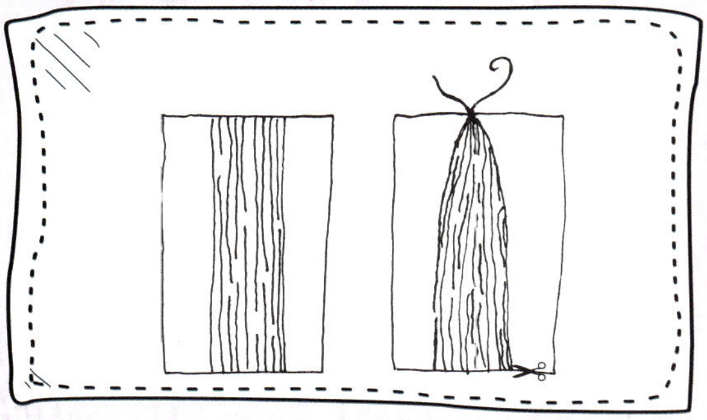

2 Schneide dir einen Faden zu, der etwas länger ist als die Strecke vom Halsende bis zwischen die Augen deines Pferdes.

3 Nähe den langen Faden zwischen den Ohren in der Mitte des Halses und unten am Stecken mit zwei bis drei Stichen fest.

4 Nimm einen Wollfaden aus Schritt 1. Lege ihn doppelt an den langen Faden, sodass oben eine Schlaufe zu sehen ist. Dadurch ziehst du die Enden des Wollfadens. Knüpfe auf diese Weise alle Wollfäden an – bis zu fünf Stück auf einmal.

Stehmähne

1 Für die Stehmähne brauchst du etwa 21 kleine Quasten. Wickle dafür die Wolle deiner Wahl der Länge nach mehrfach um eine Streichholzschachtel. Dann ziehst du einen Faden, unter den gewickelten durch, auf einer Seite nach oben und machst einen Knoten. Die andere Seite schneidest du auf.

2 Nimm einen weiteren Faden, wickle ihn auf der geschlossenen Seite um alle Fäden und knote ihn fest. Fertig ist deine erste Quaste.

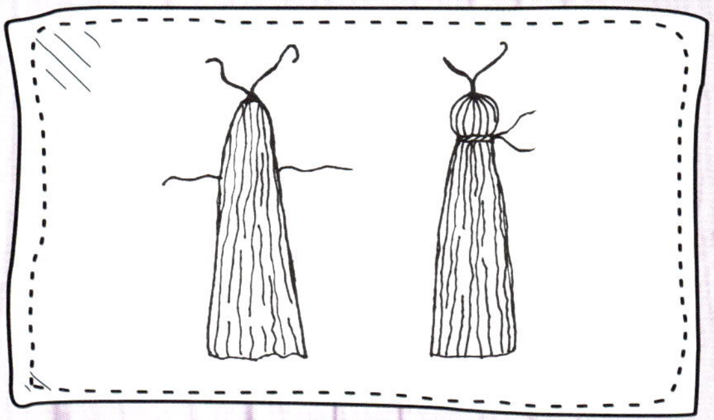

3 Nähe die fertigen Quasten in 3-er Gruppen übereinander am Rücken deines Hobby Horses fest.

4 Zum Schluss kannst du die Mähne mit ein wenig Haarspray noch in Form bringen.

Geflochtene Mähne

1 Nimm die Wolle deiner Wahl und wickle diese mindestens 30-mal um ein Buch. Umso größer das Buch ist, desto länger wird die Mähne. Schneide die Wolle nach dem Wickeln an einer Seite auf.

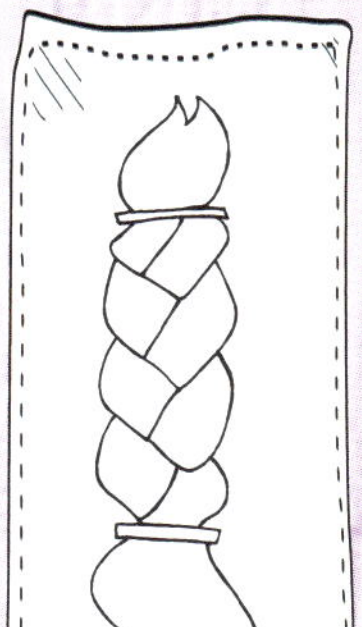

2 Die Fäden fasst du auf einer Seite mit einem (Zopf-)Gummi zusammen. Das Gummi befestigst du ca. 15 cm vom Fadenende entfernt, so bleibt vorne ein Schopf.

3 Jetzt flechtest du die Fäden zu einem Zopf und fixierst diesen unten ebenfalls mit einem Gummi.

4 Den geflochtenen Zopf nähst du an mehreren Stellen am Rücken deines Hobby Horses fest. Achte darauf, dass der Schopf gut auf der Stirn liegt.

Das Fjordpferd

Fjordpferde haben eine charakteristische Farbe: Sie sind Falben. Ihr Fell ist hellbeige und die Stehmähne ist zweifarbig, außen hell und in der Mitte dunkel.

Der Cremello

Die Farbe Cremello ist weißbeige bis hin zum glänzenden Perlmutt. Die Mähne hat die gleiche Farbe wie das Fell. Typisch sind darüber hinaus blaue Augen und rosafarbene Haut.

Der Apfelschimmel

Die besondere Fellzeichnung Apfelschimmel kommt bei verschiedenen Pferderassen vor. Die Grundfarbe des Fells ist weiß mit grauen apfelförmigen Flecken.

Der Haflinger

Eine fast weiße Mähne und ein hellbeiges Fell, das sind die Haflinger. Außerdem haben Haflinger meist ausgeprägte Blessen.

Der Fuchs

Verschiedene Pferderassen haben die meist glänzende rotbraune Farbe eines Fuchs. Sie variiert vom gelbbraunen Hellfuchs bis zum dunklen Kohlfuchs. Mähne und Schweif haben in der Regel immer den gleichen Fuchston wie das Fell.

Rassen und Farben

Der Braune

Pferde mit braunem Fell und schwarzer Mähne und Schweif nennen sich Brauner. Diese Farbe kommt bei verschiedenen Rassen vor, beispielsweise Hannoveraner oder beim großen Shire Horse.

Der Schecke

Ein Schecke ist ein Pferd mit klar abgesetzten großflächigen Flecken in Weiß und einer Grundfarbe von Schwarz, Braun, Hellbraun oder Grau. Das Paint Horse oder die Tinker sind die berühmtesten Pferderassen mit Flecken.

Der Rappe

Ein rappfarbenes Pferd erstrahlt von Kopf bis Fuß in elegantem Schwarz. Eine typische schwarze Pferderasse sind die Friesen.

Pferdeschau

Dressurwettbewerb

Springreiten

Weltrekord Springen 141 cm (Juni 2019)

Hobby Horsing Meisterschaften

Juni 2019 in Seinäjoki, Finnland

Reitergruppe beim Trainingslager

Leckerli zwischendurch

Aufwärmen fürs Springen

Die Reitausrüstung

Ob funkelnder Stirnriemen oder ein sportliches Reithalfter, eine gute Ausrüstung ist für das Training und die bevorstehende Weltmeisterschaft das A und O.
Kapitel hilft dir, Schritt für Schritt die richtige Ausrüstung für dein Hobby Horse anzufertigen.

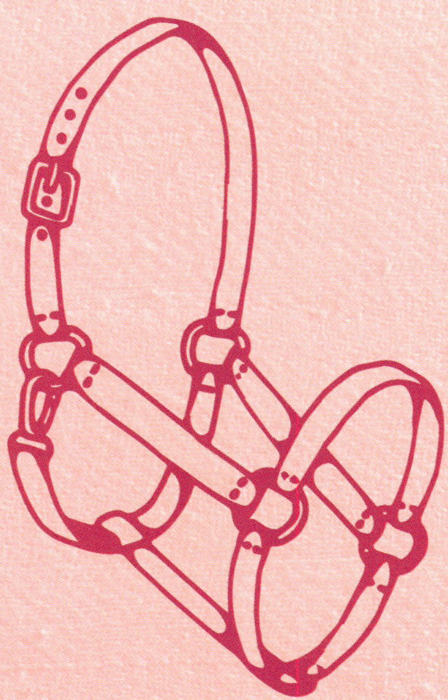

Halfter Rudi

einfaches Knotenhalfter

Du brauchst

- Satinband in Blau, 1,5 cm breit, 150 cm lang
- 2 Schlüsselringe, ø 2 cm
- 2 D-Ringe in Silber, 2,5 cm
- Bolzenkarabiner

1 Als Erstes schneidest du dir von dem Satinbind sechs Stücke zurecht. Die Stücke A und B sind 17 cm lang, die Stücke C und D 20 cm, Stück F 18 cm und Stück E 21 cm.

Nimm dir Band A und knote an jedem Ende jeweils einen Schlüsselring fest. Die D-Ringe verknotest du jeweils an einem Ende von Band C und Band D. An Band E wird an einem Ende der Karabiner festgeknotet.

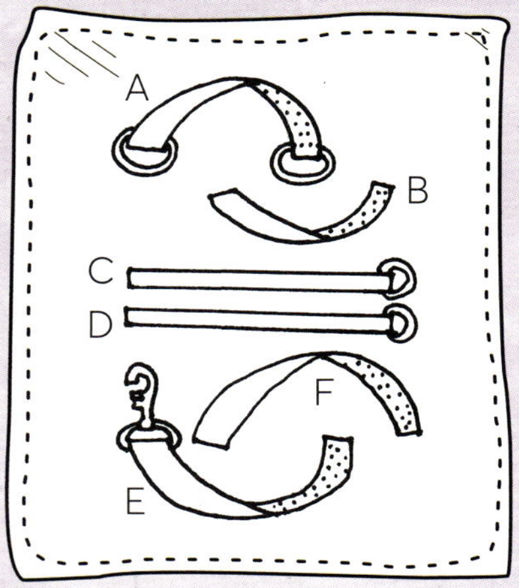

2 Jetzt nimmst du für den Nasenriemen Band B und knotest die Enden an die Schlüsselringe von Band A.

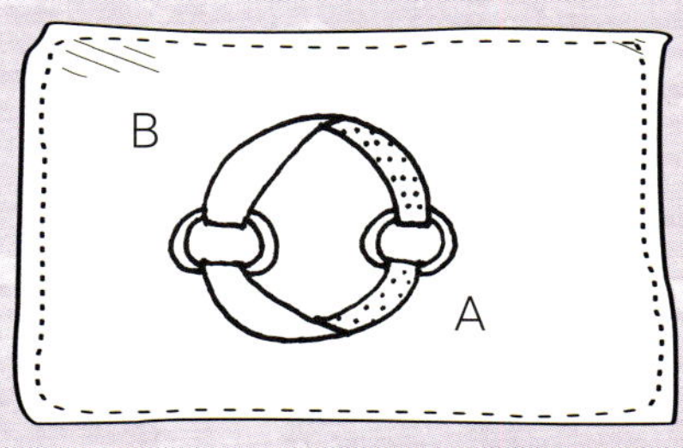

3 Die freien Enden von Band C und Band D werden als nächstes an den Schlüsselringen angeknotet.

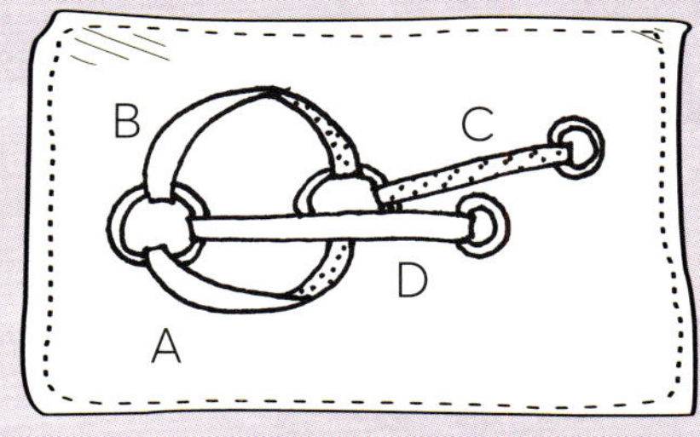

4 Band E wird von unten an den D-Ringen von Band C und Band D angebracht. Dazu das freie Ende verknoten und den Karabiner einfach einhaken.

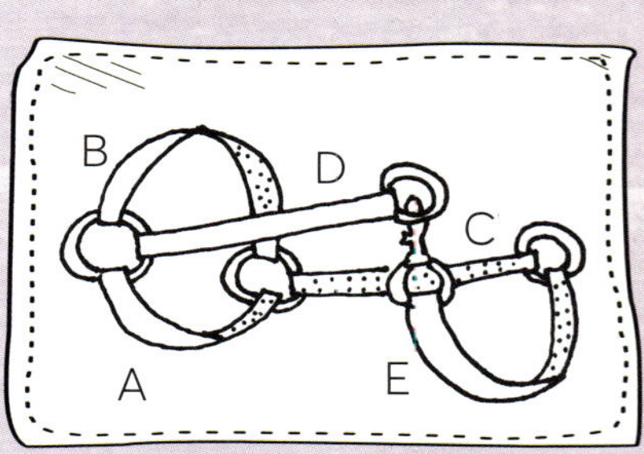

5 Als letztes knotest du Band F von oben an die D-Ringe. Das restliche Satinband wickelst du um die Schlüsselringe, sodass die Knoten versteckt sind. Am D-Ring bindest du zur Zier eine Schleife.

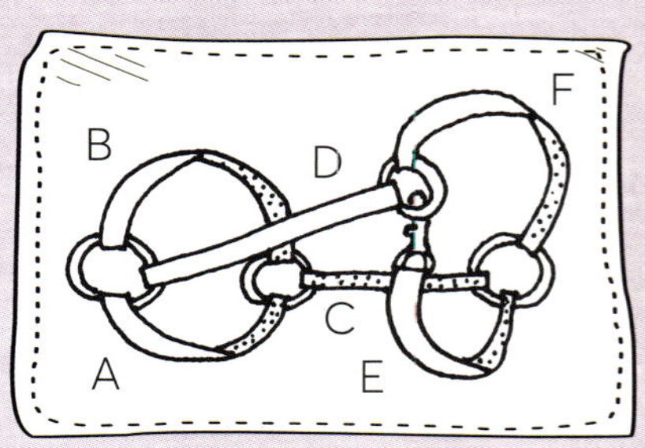

Hinweis

Diese Halfter passt Wipi.

Hinweis

Diese Halfter passt Majo, Liva, Schoko und Palomina.

Halfter Ruby

genähtes Halfter

Du brauchst
- Kunstleder in Schwarz
- 4 Schlüsselringe, ø 2cm
- Bolzenkarabiner
- Nähgarn

Tipp

Schreib dir die Buchstaben zur besseren Orientierung innen auf die Streifen.

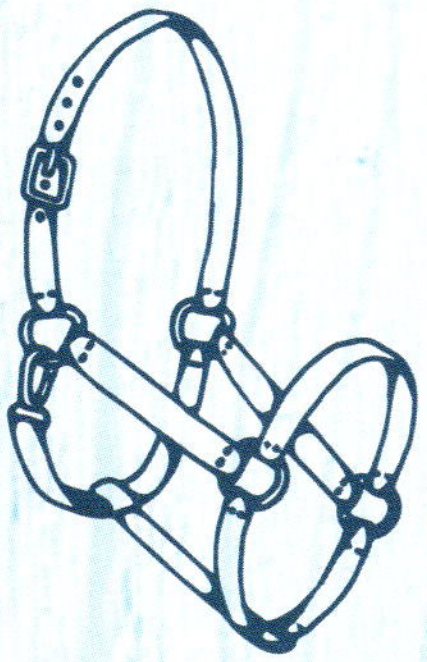

1 Als Erstes schneidest du dir aus dem Kunstleder sechs Streifen zurecht. Alle Streifen sind 1,5 cm breit. Der Streifen A wird 27 cm lang, Streifen B 19 cm, die Streifen C und D 18 cm, Streifen E 34 cm und Streifen F 24 cm.

2 Nimm dir Streifen A und nähe an jedem Ende jeweils einen Schlüsselring fest. Zum Festnähen legst du 2 cm vom Streifen um den Ring zu einer Schlaufe und machst die Naht dicht am Metall. Die anderen Ringe werden jeweils an einem Ende von Streifen C und Streifen D befestigt. An Streifen E wird an einem Ende der Karabiner angenäht.

3 Jetzt nimmst du Streifen B und verbindest ihn mit Steifen A, indem du die Enden von B an den Ringen befestigst.

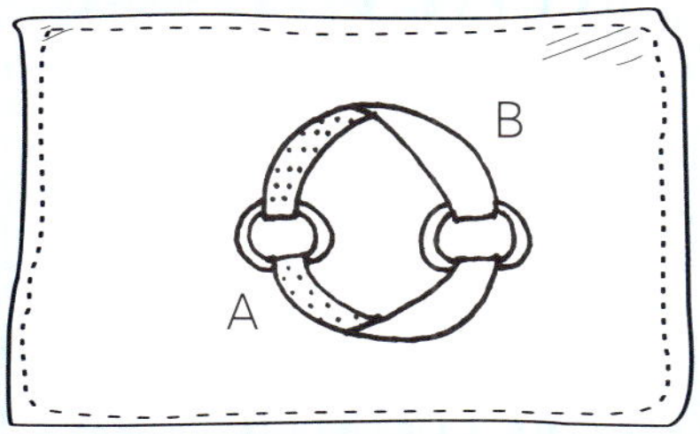

4 Die freien Ende von Streifen C und Streifen D werden als nächstes an den Ringen von Streifen A angenäht.

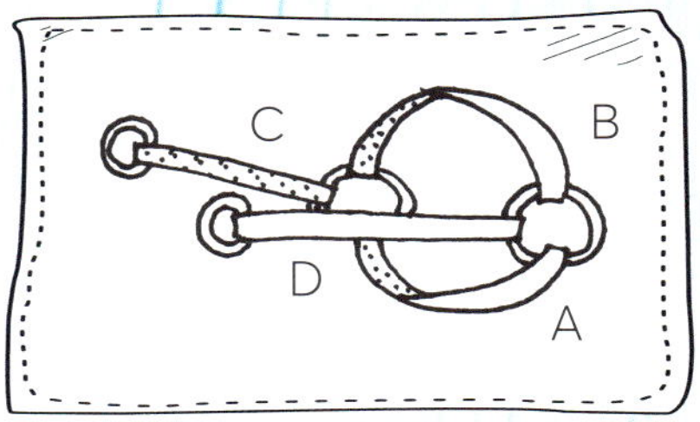

5 Streifen E wird von unten an den hinteren Ringen von Streifen C und Streifen D angebracht – das freie Ende festnähen und den Karabiner einfach einhaken.

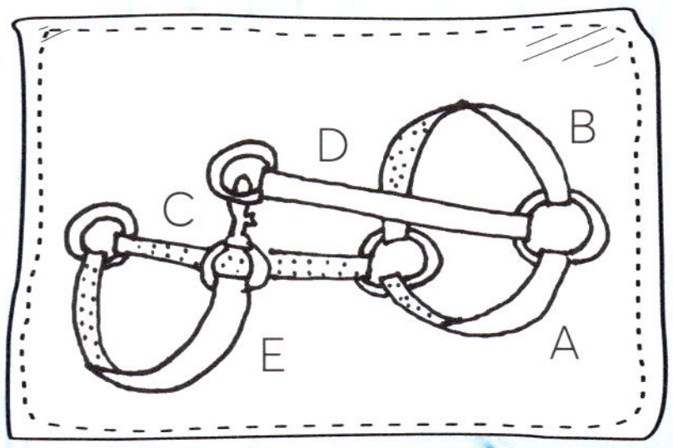

6 Als letztes nähst du Streifen F von oben an die hinteren Ringe. Das Halfter ist bereit für den Einsatz!

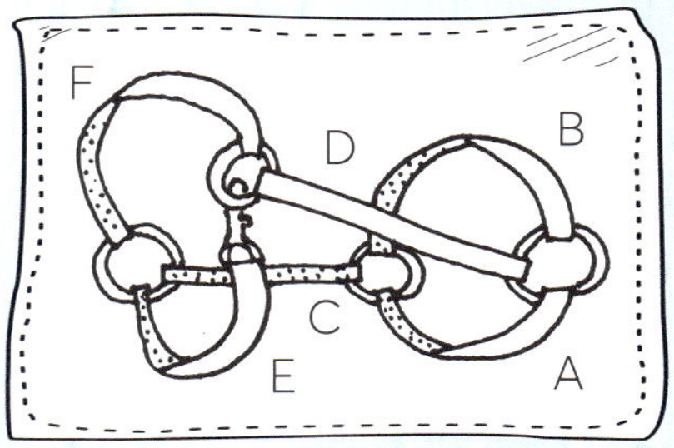

Reithalfter Lennox

mit Gebiss

Du brauchst
- Kunstleder in Schwarz
- Stirnriemen (Anleitung S. 44)
- FIMO® Gebiss (Anleitung S. 45)
- 2 Bolzenkarabiner, 3,5 cm
- Nähgarn

1 Aus dem Kunstleder schneidest du dir Nasenriemen, Backenstück und Zügel zurecht. Alle Stücke sind 1,2 cm breit. Der Nasenriemen ist 34 cm lang, das Backenstück 52 cm und die Zügel 85 cm.

2 Nähe an den Enden vom Backenstück dein Gebiss fest, dafür schlägst du die Lederenden 3 cm um den Ring zu einer Schlaufe und machst die Naht dicht am Metall.

3 Nimm den Nasenriemen und nähe die beiden Enden zusammen, sodass ein Ring entsteht. Dann wird der Nasenriemen etwas über den Schlüsselringen vom Gebiss am Backenstück an beiden Seiten festgenäht.

4 Den Stirnriemen befestigst du mit dem Klettverschluss oben am Backenstück, sodass er später unterhalb der Ohren sitzt.

5 Zum Schluss werden die Karabiner an den Enden der Zügel angenäht. Nach Bedarf kannst du jetzt die Zügel am Gebiss ein- und aushaken.

Hinweis

Jedes Hobby Horse wird individuell. Miss dein Pferd am besten nochmal nach und pass die Maße der Streifen gegebenenfalls an.

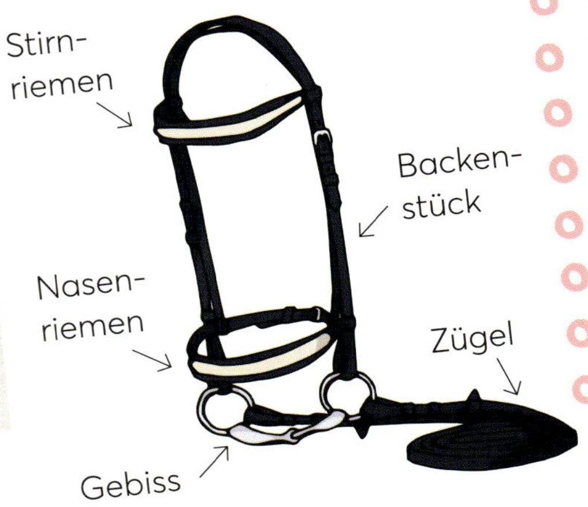

Tipp

Alternativ kannst du für die Zügel auch Taschenriemen benutzen.

Stirnriemen Glitzer Star

Zierde für das Halfter

Du brauchst
- Kunstlederstreifen
- Strasssteine
- Perlen
- Klettband
- Nähgarn

1 Schneide dir aus dem Kunstleder einen Streifen mit 1,5 x 20 cm. Vom Klettband vier Stücke mit 1 x 3 cm zurechtschneiden, zwei aus der rauen Seite und zwei aus der weichen.

2 Auf die Rückseite des Streifens nähst du an die Enden jeweils ein Klettband-Stück mit der rauen Seite fest. Im Abstand von 2 cm werden die weichen Stücken am Streifen befestigt.

3 Auf die Vorderseite des Streifens klebst du nach Belieben verschiedene Strasssteine an deinem Stirnriemen fest. Du kannst auch ein paar Perlen annähen.
Der fertige Stirnriemen wird am Reithalfter (s. Seite 42) angebracht. Durch das Klettband kannst du den Stirnriemen ganz einfach austauschen und das Halfter mit verschiedenen Riemen ausstatten.

Gebiss Momo

einfache Wassertrense

1 Forme die Modelliermasse in deiner Hand für ein Gebiss zu zwei Kugeln mit einem Durchmesser von ca. 2,5 cm. Die Kugeln legst du auf eine glatte Oberfläche und formst zwei gleichlange Rollen, die vorne schmaler werden und nach hinten dicker.

Du brauchst
- FIMO® in Metallic Silber
- FIMO® in Metallic Kupfer
- 4 Schlüsselringe, ø 2cm
- Bleistift

2 Mit einem Bleistift bohrst du vorsichtig, so nah am Rand wie möglich, ein Loch in das dickere Ende der Rollen. Das Loch sollte etwa 1,5 cm breit sein. Dreh die Rollen um 90° auf die Seite. Jetzt bohrst du, so nah am Rand wie möglich, je Loch mit ca. 1 cm Durchmesser ins schmalere Ende.

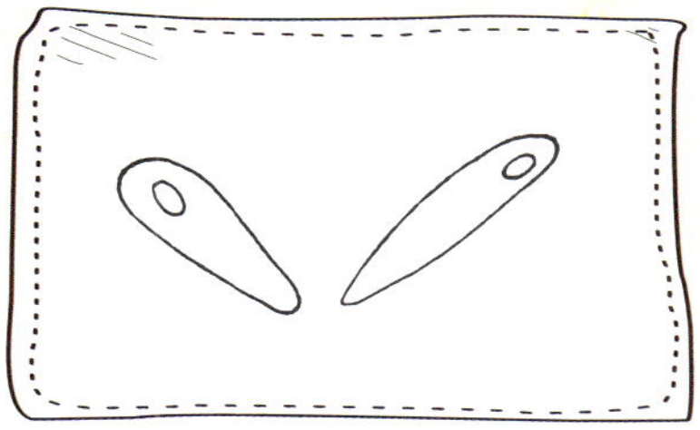

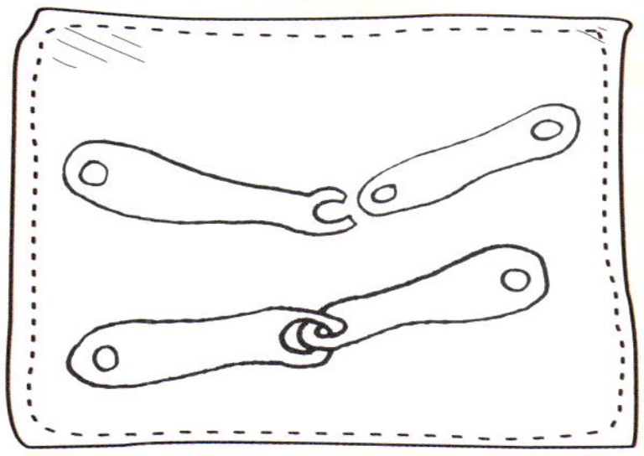

3 Vor dir liegen zwei Gebissteile mit jeweils zwei Löchern. Um die zwei Teile zu verbinden, schneidest du das Loch am dünneren Teil einer Gebissseite vorsichtig auf und führst dir Teile durch das kleine Loch der andere Gebissseite. Drück die Teile vom offenen Loch vorsichtig wieder zusammen.

4 Das Gebiss für 30 Minuten bei 110 °C im Ofen backen, damit es aushärtet. Beachte die Gebrauchsanweisung für den korrekte Umgang mit FIMO®.

5 Nachdem das Gebiss abgekühlt ist, befestigst du zum Schluss je einen Schlüsselring in den großen Löchern. Dein Gebiss kann am Reithalfter (s. Seite 42) angebracht werden.

Fliegenhaube Flyn

bunter Kopfschmuck

Du brauchst
- bedruckter Stoff, 50 x 50 cm
- Filz in Rosa und Blau, 25 x 20 cm
- Borte in Silber
- Glitzerband in Rosé
- Nähgarn

Schnittmuster
auf Vorlagebogen

1 Übertrage die Schnittmuster für Haube und Ohren auf Transparentpapier und schneide diese aus.

2 Das Muster für die Haube heftest du mit Stecknadeln auf den Filz und schneidest den Umriss aus. Knicke den Filz auf Höhe der gestrichelten Linie im Schnittmuster einmal um. Jetzt kannst du die beiden eingezeichneten Löcher für die Ohren ausschneiden und den Filz wieder aufklappen.

3 Das Muster für die Ohren zeichnest du für jede Haube viermal auf den Stoff. Beachte dabei eine Nahtzugabe von 0,7 cm. Schneide die Ohren aus. Je zwei Teile werden rechts auf rechts zu einem Ohr zusammengenäht.

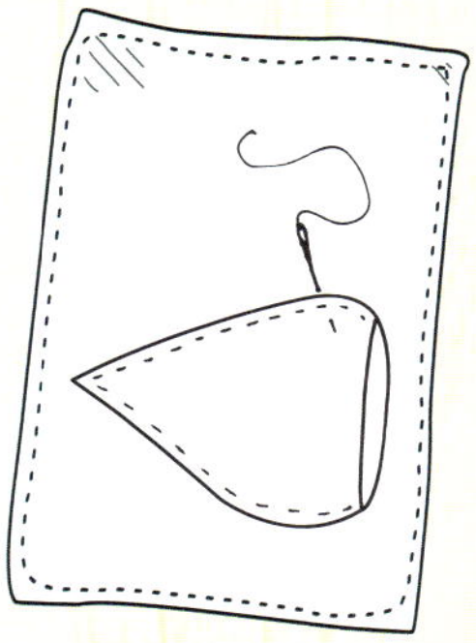

Nimm die Filzhaube und nähe die Ohren am Rand der Ohrlöcher fest.

4 Zum Schluss kannst du die Fliegenhaube mit Borten und Glitzerband verzieren, wie es dir gefällt.

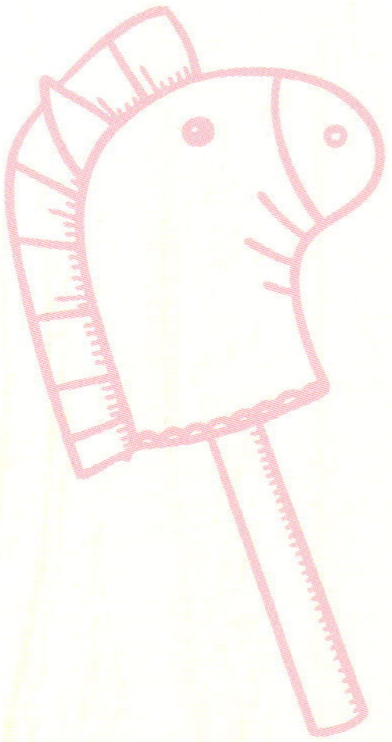

Pferdedecke Meo

warm, weich und wunderschön

Du brauchst

- Filz in Weiß
- 2 Strasssteine
- Borte in Silber
- Spitzenband in Rosa
- Applikation mit Einhorn
- Klettband
- Nähgarn
- Textilkleber (optional)

Schnittmuster
auf Vorlagebogen

1 Übertrage das Schnittmuster für die Decke auf Transparentpapier, schneide es aus und hefte es mit Stecknadeln auf den Filz.

2 Mit einem gut sichtbaren Stift überträgst du das Schnittmuster vorsichtig auf den Filz und schneidest die Decke zurecht.

3 Vom Klettband werden zwei Stücke mit 3 x 3 cm zurechtgeschnitten, eins aus der rauen Seite und eins aus der weichen. Das weiche Stück nähst du oben rechts innen und das raue oben links außen an deine Decke.

4 Zum Schluss kannst du die Decke mit Borten, Glitzersteinen und Glitzerband verzieren, wie es dir gefällt. Applikationen lassen sich schön mit einem Zickzackstich befestigen.

Tipp

Für die Applikationen kannst du Stoffreste vom Material für die Ohren der Fliegenhaube (s. Seite 46) verwenden.

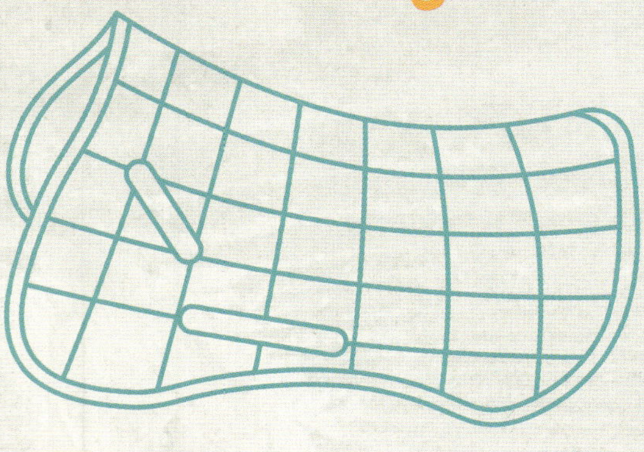

Das Training

Um mutig über große Hindernisse zu springen oder eine elegante Dressuraufgabe zu reiten brauchst du die passende Trainingsausstattung.
Ob Sprünge oder ein Dressurviereck – in diesem Kapitel zeige ich dir, wie du dir alles für ein erfolgreiches Training selber bauen und basteln kannst.

KED

70cm
60cm
50cm
40cm

Hoch hinaus

Hindernisse aus Holz

Modellgröße
80 cm

Du brauchst
- 2 Rahmenhölzer, 2,4 x 4,4 cm, 80 cm lang
- 4 Rahmenhölzer, 2,4 x 4,4 cm, 25 cm lang
- 8 Rahmenhölzer, 2,4 x 4,4 cm, 3 cm lang
- 2 Rundstäbe, ø 2,4 cm, 120 cm lang
- 16 Schrauben
- Acrylfarbe in Rot und Weiß
- wasserfester Stift in Schwarz
- Bohrmaschine
- Rundfeile
- Malerkrepp
- Maßband

Hinweis

Lass dir von einem Erwachsenen assistieren, wenn du die Bohrmaschine benutzt!

1 Nimm die acht kleinen Klötze und feile mittig eine Vertiefung in jeden, damit die Rundstäbe später einen besseren Halt haben und nicht so leicht runterfallen.

2 Markiere dir auf den zwei 80 cm langen Rahmenhölzer jeweils die Höhen 40, 50, 60 und 70 cm. An die markierten Stellen schraubst du die kleinen Klötze mit der Vertiefung nach oben. An jedem langen Holz sind nun vier Klötze befestigt.

3 Jetzt verschraubst du die Füße des Hindernisses. Dafür nimmst du die 25 cm langen Rahmenhölzer, für jeden Ständer zwei. Je einen Fuß befestigst du auf der Innenseite, wo die Klötze sind, mit zwei Schrauben mittig unten am Balken. Die anderen Hölzer schraubst du in gleicher Weise außen am Balken fest. Die Ständer sind fertig.

4 Die zwei Rundstäbe bemalst du einmal komplett mit weißer Acrylfarbe. Lass die Farbe trocknen. Dann malst du mit der roten Farbe zwei 18 cm breite Streifen, sie beginnen 18 cm vom Ende des Stiels entfernt. Markiere dir Anfang und Ende der Streifen mit Malerkrepp, damit das Rot eine saubere Kanten hat.

5 Zum Schluss schreibst du mit dem schwarzen Stift die unterschiedlichen Sprunghöhen auf die Außenseite der Ständer.

Tipp

Baue dir beliebig viele Hindernisse für deinen Parcours. Na, wer springt am höchsten!?

Plitsch, platsch

gefüllter Wassergraben

Modellgröße
ca. 60 x 25 cm

Du brauchst

- Müllsack in Blau, 120 l
- 12 leere Getränkekartons, länglich
- Heißklebepistole
- Bürohefter

Hinweis

Lass dir von einem Erwachsenen assistieren, wenn du die Heißklebepistole benutzt!

1 Schneide den oberen Bereich der Getränkekartons, wo sich der Verschluss befindet, mit einer Schere ab.

2 Aus den Kartons wird der Rahmen für den Graben gebaut. Dafür klebst du zweimal eine Reihe aus vier Kartons und zweimal eine Reihe aus zwei Kartons zusammen. Verbinde die beiden Viererreihen, indem du am Rand die Zweierreihen dazwischenklebst, sodass ein Rechteck entsteht.

3 Den fertigen Rahmen schiebst du in den blauen Sack. Mithilfe vom Bürohefter tackerst du das offene Ende vom Sack zu.

4 Jetzt kannst du deinen Wassergraben vor oder hinter eines der Hindernisse stellen und vorsichtig mit Wasser befüllen. Wer nicht weit genug springt, der bekommt nasse Füße!

70cm
60cm
50cm
40cm

Im Gleichgewicht

Balancierbalken mit Wimpelkette

Modellgröße
180 x 12 cm

Du brauchst
Balancierbalken
- Vierkantholz, 6,5 x 6,5 cm, 180 cm lang
- 2 Rahmenhölzer, 4,5 x 5,5 cm, 25 cm lang
- 2 Winkelverbinder, 6 x 6 cm
- Schrauben
- Bohrmaschine
- Feile (optional)

Wimpelkette
- Tonpapier in Braun, A2
- Satinband in Rosa, 180 cm lang
- Bürolocher

Vorlage
auf Seite 84

Balancierbalken

1 Das Vierkantholz wird dein Balancierbalken und die Rahmenhölzer die Füße. Die Füße befestigst du mit den Winkeln, je etwa 5 cm vom Rand, senkrecht zum Balken. Achte darauf, dass die Rahmenhölzer mittig verschraubt werden.

2 Falls die Hölzer scharfe Kanten haben, kannst du diese nun mit einer Feile abrunden.

Wimpelkette

1 Für die Wimpelkette machst du dir am besten eine Schablone. Übertrage dafür die Vorlage für den Kopf auf ein Stücke Pappe und schneide sie aus. Mithilfe der Schablone überträgst du den Pferdekopf 13-mal auf das Tonpapier. Schneide alle Köpfe aus.

2 An den markierten Stellen lochst du das Papier. Die Löcher sollten einen Abstand von 2 cm haben.

3 Fädle nacheinander die Pferdeköpfe auf das Satinband. Die Enden verknotest du, sodass die äußeren Köpfe nicht vom Band runterrutschen können.

Hinweis

Lass dir von einem Erwachsenen assistieren, wenn du die Bohrmaschine benutzt!

A
F
H

Bereit für die Kür

Kegel fürs Dressurviereck

Du brauchst
- 4 Bogen Tonpapier in Weiß, A2
- 2 Bogen Tonpapier in Schwarz, A3
- Bürohefter

Tipp

Dekoriere die Kegel noch mit Pferdeköpfen aus Geschenkpapier oder Glitzerpapier (Vorlage Schlüsselanhänger, s. Seite 86).

1 Nimm einen Bogen weißes Tonpapier und zeichne darauf zwei Kreisstücke, wie unten zu sehen. Wiederhole das bei allen weißen Bögen. Die insgesamt acht Kreisstücke schneidest du aus.

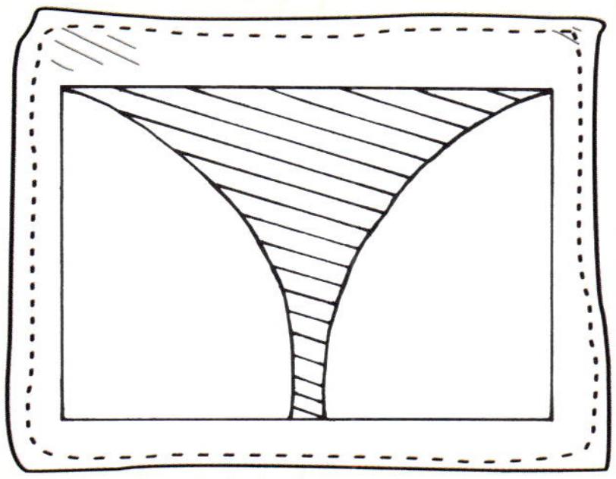

2 Nacheinander formst du aus den Kreisstücken Kegel, die alle etwa gleich groß sind. Fixiere die Kegel, indem du das Papier einmal oben und einmal unten zusammentackerst. Die Spitzen schneidest du um 3 cm ab und heftest das Papier oben nochmal nach.

3 Aus dem schwarzen Tonpapier schneidest du dir die Buchstaben A, B, C, E, F, H, K und M aus. Sie sollten etwa 15 cm hoch sein. Jeder Kegel bekommt einen Buchstaben aufgeklebt.

4 Jetzt stellst du die Kegel zu einem 10 x 5 Meter Dressurviereck auf. Die Abbildung zeigt dir die richtige Position der Buchstaben. Fertig ist dein Dressurviereck zum Reiten von verschiedenen Aufgaben.

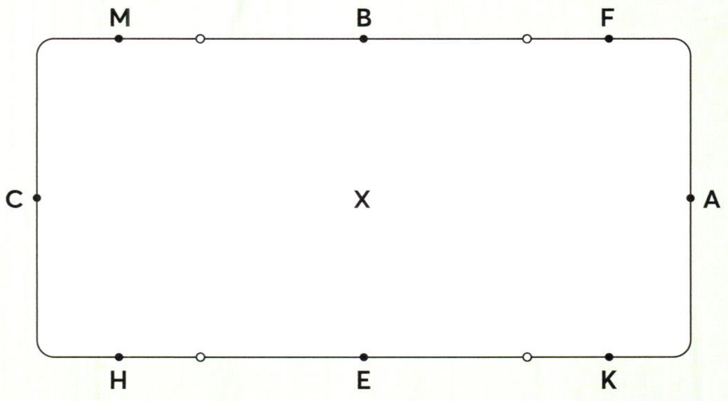

Gut geplant

Trainingsbuch

Du brauchst

- Schreibheft, A5
- Tonkartonrest in Hellbraun
- Geschenkpapier
- Glitzerband
- Alleskleber Kraft

Vorlage
auf Seite 85

1 Schneide dir aus dem Geschenkpapier ein 40 x 26 cm großes Rechteck zurecht. Lege das Rechteck mit der Rückseite nach oben vor dich und darauf das aufgeschlagene Schreibheft.

2 Aus dem Geschenkpapier bastelst du einen Umschlag. Dafür schlägst du das überstehende Papier um den Deckel des Heftes. Damit sich das Papier nicht wellt, solltest du es an den Ecken einschneiden. Verklebe den Umschlag vorne mit etwas Kleber am Heftrand. Gut trocknen lassen. Dann verklebst du auf gleiche Weise die Rückseite des Heftes.

3 Auf der Vorderseite des Heftes klebst du zum Verzieren links das Glitzerband auf.

4 Übertrage die Vorlage für das Label auf den Tonkarton und schneide es aus.
Es wird vorne mittig auf das Heft geklebt. Auf das Label kannst du zum Beispiel deinen Namen oder die Überschrift „Trainingsbuch" schreiben. Im Buch ist Platz für Parcoursaufbau, Kürabläufe und deine persönlichen Bestleistungen.

Tipp

Damit das Papier noch besser hält, kannst du den Heftdeckel vorher auch etwas mit Kleber beträufeln.

TRAININGS
BUCH
Von

Das kleine 1x1 des Hobby Horsing

Hobby Horsing (von englisch *Hobby Horse* „Steckenpferd") ist der anspruchsvolle und fantasievolle Sport des Steckenpferdreitens aus Finnland. Auf der Basis von Gymnastikelementen werden Springreiten und Dressur mit liebevoll selbstgemachten Steckenpferden geritten. Es gibt Reitkurse, Meisterschaften und viele begeisterte Reiterinnen und Reiter, die mit Spaß und Ehrgeiz dabei sind.

Springen

Beim Springen geht es in der Regel um Höhe und Schnelligkeit. Dafür gibt es spezielle Hindernisse (s. auch Seite 52). Der Parcours-Aufbau und die Regeln sind an das Springreiten mit Pferden angelehnt. Beim Angaloppieren von Hindernissen hast du die Sprünge immer im Blick. Die genauen Regeln und Klassen legen Clubs und Vereine selber fest. Die Regeln im Buch können abweichen.

Stilspringen, Zeitspringen und Wild Jump

Beim Stilspringen sind die Hindernisse niedriger. Entscheidend ist, wie du ein Hindernis überwindest.

Beim Zeitspringen gewinnt, wer die Hindernisse am schnellsten und mit den wenigsten Fehlerpunkten überwindet.

Beim Wild Jump baust du dir Hindernisse aus Stöcken und Steinen oder springst im Wald über natürliche Hindernisse

Regeln

Ein Reiter darf für jede Prüfung nur ein Hobby Horse vorstellen und ein Hobby Horse darf höchstens mit zwei Reitern pro Prüfung antreten.

Reitest du den Parcours falsch an oder fällt eine Stange, dann gibt es dafür jedes Mal eine halbe Strafsekunde.

Klassen Hobby Horsing

E ab 40 cm
A 50 – 60 cm
L bis 70 cm
S bis 100 cm
E-S Wild Jump mit Naturhindernissen

Dressur

Bei der Dressur geht es um Eleganz und Kreativität. Die Aufgaben werden wie bei der Dressur mit Pferden beschrieben, für Einsteiger ist die Aufgabensprache im Buch etwas vereinfacht worden. In der Kür kannst du einzelne Gymnastikelemente ergänzen. Noten gibt es für das korrekte Reiten der Aufgabe, die Kreativität und die Eleganz.

Dressurviereck

Das Dressurviereck beim Hobby Horsing ist dem gewöhnlichen Dressurviereck sehr ähnlich. Die Buchstaben und Regeln sind dieselben, nur die Maße des Vierecks beschränken sich auf 10 x 5 m (s. Seite 58). Falls du weniger Platz hast, kannst du das Viereck auch kleiner machen. Die Buchstaben dienen der Orientierung beim Reiten von Aufgaben.

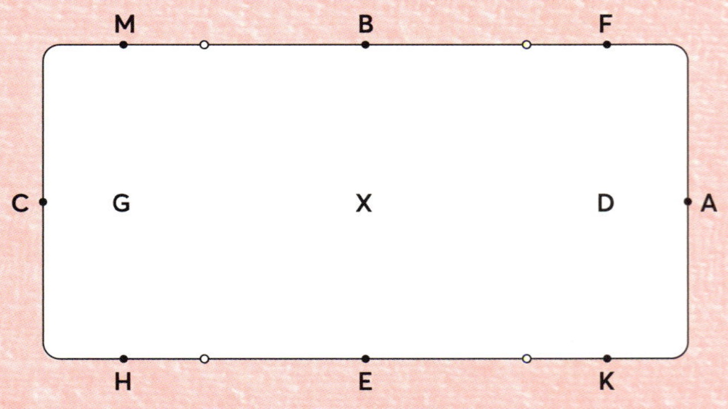

Reitstunde

Spezialbegriffe und Gymnastikelemente

rechte Hand – im Uhrzeigersinn, X ist rechts von dir

linke Hand – gegen den Uhrzeigersinn, X ist links von dir

Arbeitstempo – zügig laufen

Spanischer Schritt – im Schritt die Beine nach vorne ausstrecken

Mitteltrab – im Trab die Beine nach vorne ausstrecken

Piaffe – auf der Stelle traben und die Knie hochziehen

Passage – im Trab Knie abwechselnd heben und kurz halten

Traversale – Beine im Schritt oder Trab kreuzen

Pirouette – ganze Drehung, dabei auf der Stelle trippeln

Hinterhandwendung – stehen, halbe Drehung auf der Stelle (Richtungswechsel)

Volte – Kreis bis max. zur Mittellinie (A-X-C)

Zirkel – Kreis über die volle Bahnbreite

Grüßen – Zügel in die linke Hand, rechte Hand nach unten strecken, Nicken

Spagatsprung – Längsspagat in der Luft

Knicks – gebeugtes rechtes Knie, linkes Bein nach hinten

Dressuraufgabe I

A-X	Bei A auf der Mittellinie einreiten bis X.
X	Halten. Grüßen. Antraben.
C	Bei C rechte Hand.
B	Eine Volte reiten.
K-M	Von K zu M durch die ganze Bahn wechseln. Linke Hand.
C	Bei C halten. Eine Piaffe, dann in Passage wechseln.
E	Bei E halten. Angaloppieren.
A	Auf dem Zirkel (A-X-A) geritten.
A	Bei A halten. Angaloppieren.
B	Wechseln zu Arbeitstempo Trab.
H-K	Zwischen H und K Mitteltrab.
K	Wechseln zu Arbeitstempo Trab.
F-M	Zwischen F und M Schlangenlinie (zwei Bögen).
H-K	Wechseln zu Mittelschritt.
K	Wechseln zu Arbeitstempo Trab.
A-X	Ab A auf die Mittellinie bis X.
X	Halten. Grüßen. Im Mittelschritt Bahn verlassen.

Dressuraufgabe II

A-X	Bei A auf der Mittellinie einreiten bis X.
X	Halten. Grüßen. Antraben.
C	Bei C linke Hand.
E	Eine Volte reiten.
A-E	Ab A auf die Mittellinie und Traversale nach E.
E	Rechte Hand in Arbeitstempo Trab.
M-F	Zwischen M und F Schlangenlinie (zwei Bögen).
A	Angaloppieren. Ganze Bahn (eine Runde).
E	Halten. Drei Schritte rückwärts. Wieder angaloppieren.
B	Wechseln zu Arbeitstempo Trab.
A-X	Ab A auf die Mittellinie bis X.
X	Halten. Pirouette. Antraben.
C	Rechte Hand.
M-F	Zwischen M und F Mitteltrab.
A-X	Ab A auf die Mittellinie bis X.
X	Halten. Grüßen. Im Mittelschritt Bahn verlassen.

Parcours I

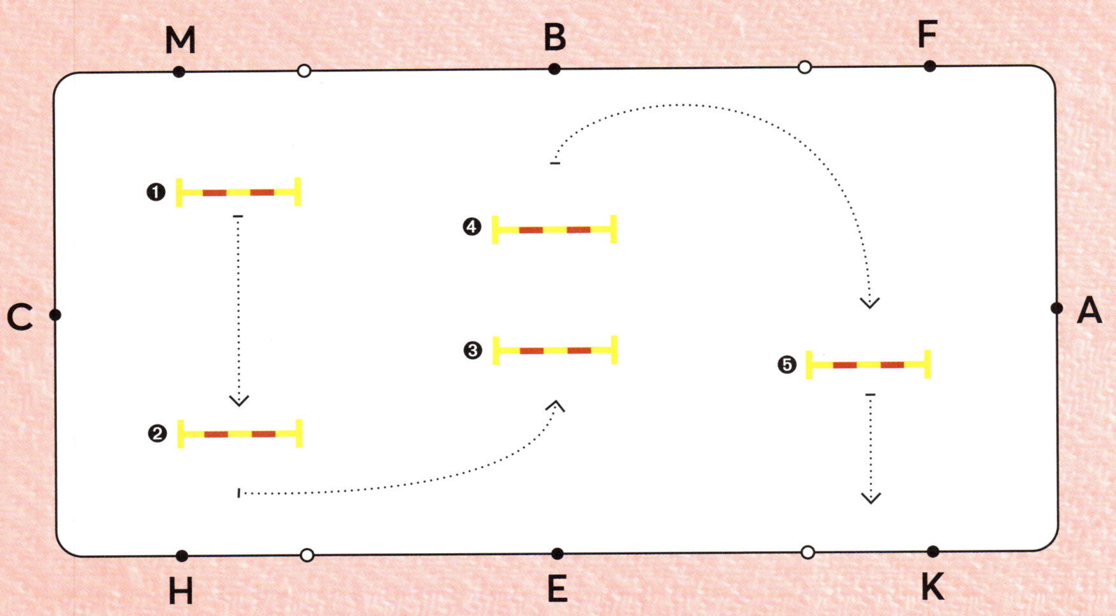

Parcours II

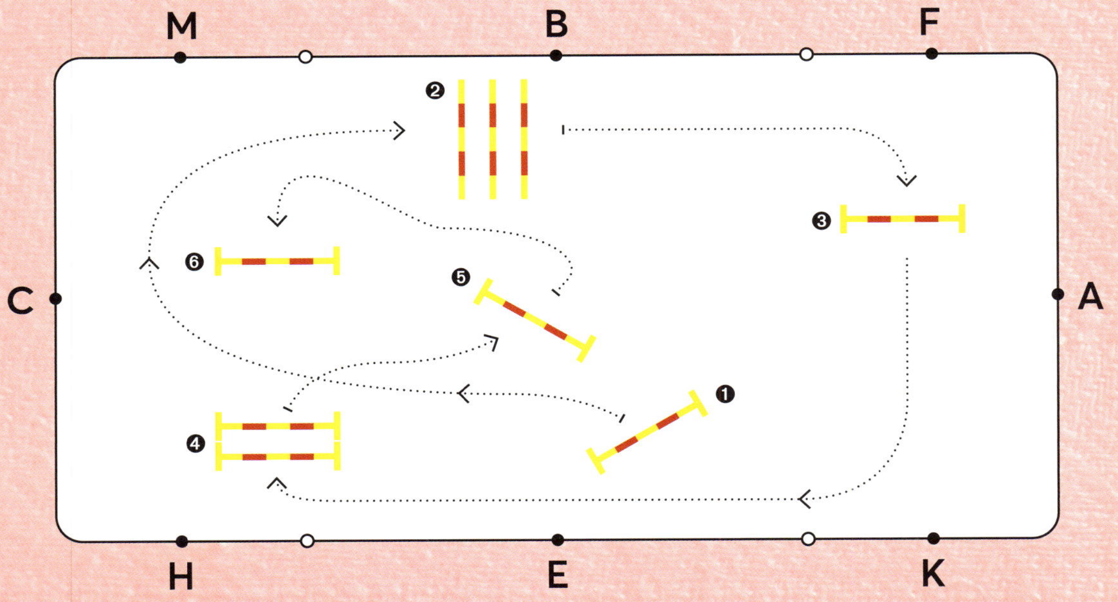

Parcours III

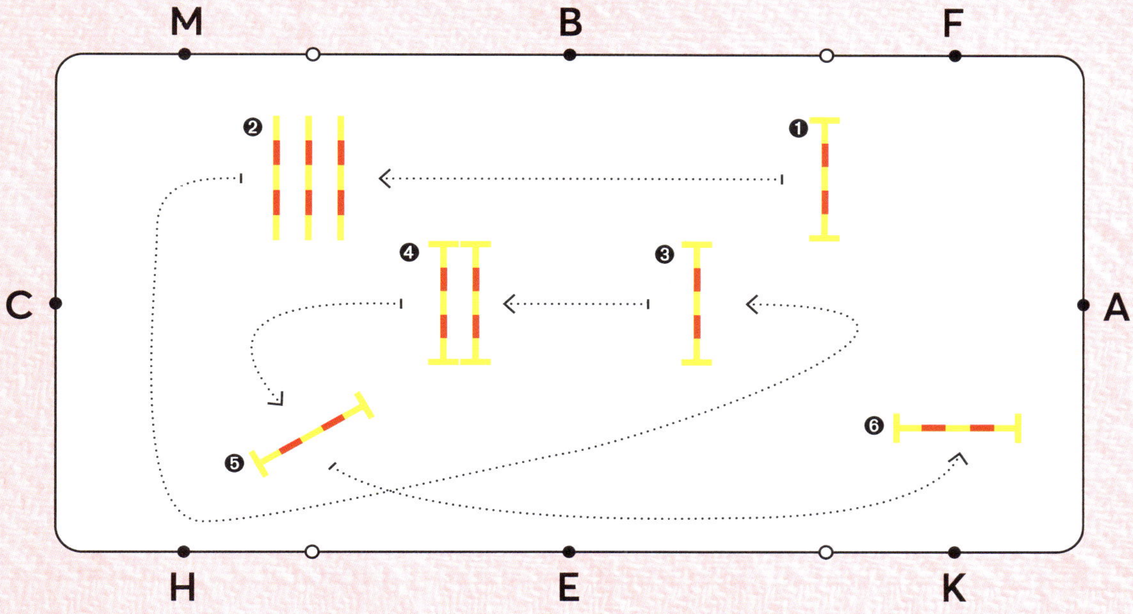

Action-Parcours

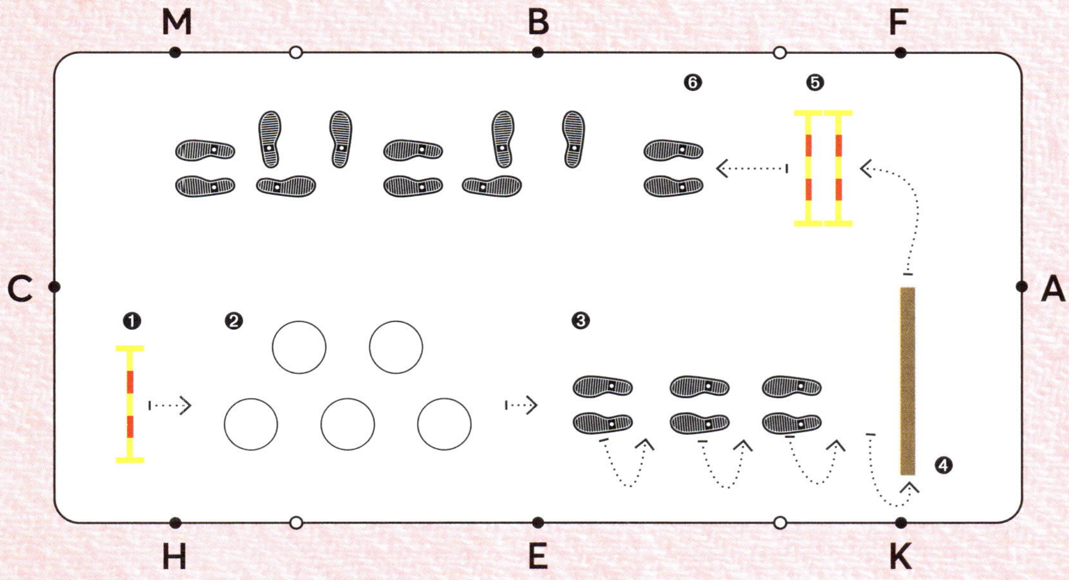

1 + 5 Sprünge

2 Abwechselnd mit linkem Fuß und rechtem Fuß in die Ringe hüpfen, dabei Knie heben.

3 Rücken zur Laufrichtung. Das linke Bein hochschwingen und eine halbe Drehung machen. Zweimal wiederholen.

4 Balancierbalken (s. Seite 56)

6 Den Fußstellungen folgen und zweimal drehen. Grüßen.

Zu Hause und unterwegs

Wer fleißig trainiert, der hat zwischendurch eine Pause oder eine kleine Belohnung verdient. Wie wäre es mit einem Stall für dein Hobby Horse? Oder ein Hobby Horse Stifttopper für dich?
Mit Schlüsselanhänger, Reithose und Turnierschleife erschaffst du deine ganz eigene Steckenpferdewelt.

Wer bist denn du?

kleine Namensanhänger

Du brauchst
FIMO®-Anhänger

- FIMO® Metallic Perlmut
- Karabinerverschluss in Silber, 12 x 7 mm
- 2 Binderinge
- 11 Glasperlen
- 2 Schmuckperlen
- Buchstabennudeln
- Nylonfaden, ø 0,5 mm
- Alleskleber Kraft

Perlen-Anhänger

- Karabinerverschluss in Silber, 12 x 7 mm
- 14 Schmuckperlen
- Herzperle
- Rocailles in Gold, ø 2,2 mm
- Buchstabenperlen
- Nylonfaden, ø 0,5 mm

FIMO®-Anhänger

1 Aus dem FIMO® formst du ein 5 mm breite, flache Rolle, ca. 0,7 mm dick. Je länger der Name deines Pferdes ist, umso länger sollte auch die Rolle sein. Mit einem Holzstäbchen bohrst du an einem Ende nah am Rand ein Loch.

2 Die Rolle wird für 30 min bei 110 °C Umluft gebacken. Beachte die Gebrauchsanweisung für den korrekte Umgang mit FIMO®.

3 Schneide dir ein 10 cm langes Stück vom Nylonfaden ab und fädele die ersten sieben Glasperlen auf. Die Perlen werden in die Mitte des Fadens geschoben und über ihnen wird ein Knoten gemacht.

4 Auf die freien Enden vom Nylonfaden fädelst du je zwei Glasperlen und eine Schmuckperle. Anschließend werden die Enden wieder verknotet. Die Perlen bilden zwei Kreise.

5 Mit je einem Bindering befestigst du am kleinen Kreis den Karabiner und am großen Kreis den FIMO®-Anhänger.

6 Zum Schluss suchst du die passenden Buchstabennudeln für den Namen deines Pferdes zusammen. Diese klebst du auf den FIMO®-Anhänger. Gut trocknen lassen!

Perlen-Anhänger

1 Schneide dir ein ca. 15 cm langes Stück vom Nylonfaden ab. Binde ein Ende zu einem festen Doppelknoten.

2 Fädele die ersten zehn Schmuckperlen und die Herzperle auf den Faden.

3 Jetzt suchst du die passenden Buchstabenperlen für den Namen deines Pferdes zusammen. Fädele abwechselnd Buchstabenperlen und Rocailles auf den Faden.

4 Nach der letzten Buchstabenperle werden die verbleibenden Schmuckperlen aufgefädelt. Das Ende des Nylonfadens knotest du am Ring des Karabiners fest.

LIVA
LADY

Tipp

Falls du keinen Zirkel hast, kannst du z.B. eine Tasse auf den Motivkarton stellen und den Rand mit einem Bleistift nachfahren.

Auf zum Sieg

1. Platz-Turnierschleifen

Du brauchst

- Motivkarton in Rosa und Blau, A4
- Satinband in Rosa, 3 cm breit, 120 cm lang
- Satinband in Pink und Blau, 1 cm breit, 60 cm lang
- Alufolie
- 2 Büroklammern
- Alleskleber Kraft
- Bürohefter

1 Schneide aus beiden Motivkartonblättern je drei Kreise mit einem Durchmesser von 8 cm aus. Vom breiten rosa Satinband schneidest du dir zwölf Streifen zurecht, die 8 cm lang sind, und zwei Streifen, die 10 cm lang sind. Von den schmalen Bändern brauchst du jeweils sechs 8 cm lange Streifen und vom blauen Band noch zwei 10 cm lange Streifen.

2 Für die blaue Schleife nimmst du abwechselnd breite rosa Streifen und schmale blaue Steifen von 8 cm Länge. Falte nacheinander jeden Streifen in der Mitte zusammen, sodass eine Schlaufe entsteht und hefte die Schlaufe an den Rand von einem blauen Kreis.

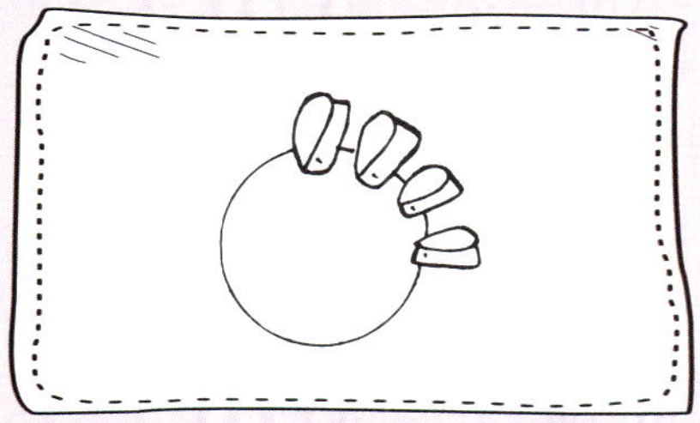

Befestige insgesamt zwölf Schlaufen, sechs breite und sechs schmale, rund um den Kreis. Die beiden 10 cm langen blauen Streifen tackerst du auf einer Seite vom Kreis leicht schräg nebeneinander.

3 Um die Heftklammern zu verdecken, klebst du die anderen zwei blauen Kreise von vorne und hinten auf den Kreis mit Schlaufen. Alles gut trocknen lassen.

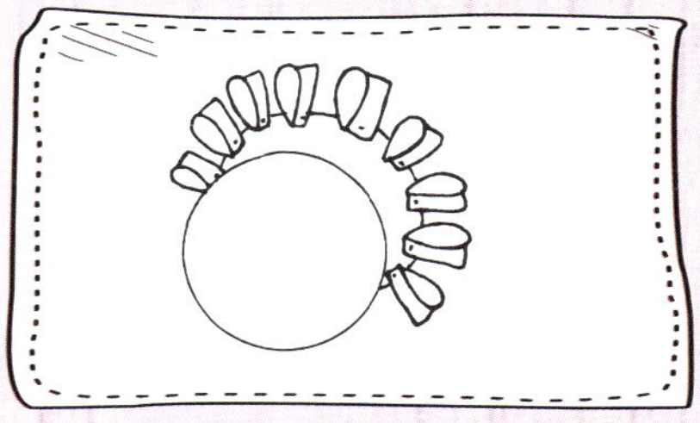

4 Wiederhole Schritt 2 und 3 für die rosa Schleife. Nimm dafür sechs breite und sechs schmale rosa Steifen von 8 cm Länge sowie die zwei 10 cm langen rosa Streifen und den rosa Motivkarton.

5 Aus Alufolie schneidest du dir zwei 1 zurecht und klebst diese vorne auf die Schleifen. Als letztes befestigst du je eine Büroklammer auf der Rückseite der Schleifen. Damit kannst du sie an die Trense deines Hobby Horses hängen.

Ein ruhiges Plätzchen

Hobby Horse Stall

Du brauchst

- 8 Holzlatten, 2 cm stark, 10 x 50 cm
- 2 Holzlatten, 2 cm stark, 10 x 80 cm
- 2 Holzbretter, 2 cm stark, 20 x 30 cm
- 20 Schrauben
- Bohrmaschine

Hinweis

Lass dir von einem Erwachsenen assistieren, wenn du die Bohrmaschine benutzt!

1 Leg die zwei 80 cm langen Holzlatten gegenüber voneinander vor dich auf den Boden, wie einen Weg. Die beiden Latten werden die Seitenwände des Stalls.

2 Die 50 cm langen Latten werden die Vorder- und Rückwand. Stell die Seitenwände auf die lange Kante und leg darauf, am oberen Rand, die erste Latte. Du befestigst sie so auf den Seitenwänden, dass sie genau auf der Kante liegt und nicht darüber hinausragt. Die Latte wird auf beiden Seiten mittig mit je einer Schraube angebracht.

3 Auf gleiche Weise verschraubst du 14 cm tiefer die nächste Latte und nochmal 14 cm darunter die dritte. Die letzte Latte auf dieser Seite befestigst du so, dass sie genau am unteren Rand der Seitenwand endet, 12 cm unter der dritten Latte. Die Vorderwand ist fertig.

4 Dreh dein Werkstück um. Die Rückwand verschraubst du genau wie die Vorderwand, beginne mit der obersten Latte und befestige nacheinander alle vier Latten.

5 Damit dein Stall sicher steht, werden an den Seitenwänden noch zwei Füße angebracht. Lege den Stall auf die Seite, nimm eines der Holzbretter und platziere es mittig am unteren Rand. Befestige den Fuß mit zwei Schrauben an der Seitenwand. Auf gleiche Weise verschraubst du das zweite Brett auf der anderen Seite. Richte den Stall auf und dein Hobby Horse kann einziehen.

Tipp

Wenn du an der obersten Latte ein paar Haken befestigst, kannst du daran deine Halfter und Trensen aufhängen. Als Futtervorrct eignet sich ein kleiner Metalleimer, den du mit Blumen oder Heu füllst und am Stall festknotest.

Tipp

Möchtest du statt einem Einhorn lieber ein Pferd auf dein Schild malen, findest du dafür eine Vorlage auf Seite 86.

Hier wohnt …

Boxenschild mit Bild

Du brauchst
- Holzbrett, 25 x 12 cm
- Acrylfarbe in Rot, Blau, Gelb, Weiß und Schwarz
- 2 Klappösen
- 4 Leistenstifte
- Hammer

Vorlage
auf Seite 87

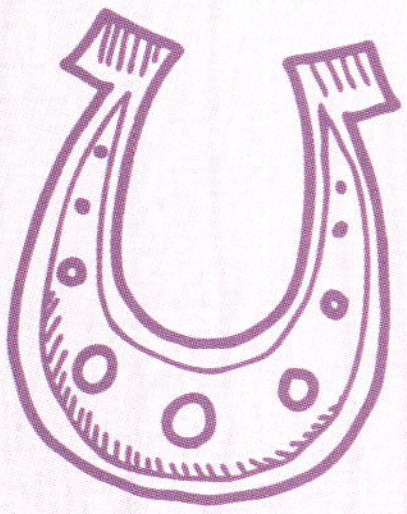

1 Übertrage die Vorlage für das Einhorn auf Transparentpapier und vom Transparentpapier auf die linke Seite des Holzbretts.

2 Beim Ausmalen beginnst du mit der Mähne und dem Schopf. Nimm dafür rote, blaue und gelbe Acrylfarbe, die du Strähne für Strähne leicht ineinander malst.
Mit der weißen Farbe malst du das Fell vom Einhorn auf Kopf, Hals und Ohren. Das Horn wird gelb.

Male abschließend in Schwarz die Kontur des Einhorns sowie Auge und Nüster. Außerdem kannst du auf dem Hals ein paar Punkte als Fellzeichnung ergänzen.

3 Auf der rechten Seite des Bretts hast du Platz, um die wichtigsten Infos, wie Name, Rasse, Geburtsdatum und Besitzer, für dein Hobby Horse aufzuschreiben.

4 Als letztes befestigst du die Klappösen auf der Rückseite des Boxenschilds. Jetzt kannst du das Schild am Stall aufhängen oder festschrauben.

Pferdepass

Einen Pferdepass für dein Hobby Horse kannst du dir nach erfolgter Registrierung unter www.topp-kreativ.de/digibib downloaden und ausgefüllt ausdrucken. Den Code zum Freischalten findest du im Impressum.

Des Reiters neue Kleider

Reithose und Fellstulpen

Du brauchst
Reithose
- Leggings in Schwarz
- Tonkartonrest
- flüssige Sockenbremse in Creme und Pink
- Stoffmalstift in Weiß

Fellstulpen
- dünner Fleecestoff, 15 x 40 cm
- Langhaar-Fellstoff, 15 x 40 cm
- Nähgarn

Vorlagen
auf Seite 84

Reithose

1 Übertrage die Vorlagen für Hufeisen, Pfote und Sterne auf Transparentpapier und vom Transparentpapier auf Tonkarton. Aus dem Tonkarton schneidest du dir Schablonen für die Motive zu.

2 Auf die Rückseite von den Leggings malst du mit der pinken Sockenbremse den Umriss vom Besatz auf.

3 Nimm die Schablonen aus Schritt 1. Auf die Fläche vom Besatz überträgst du nun mit einem Stoffmalstift die Umrisse von Hufeisen, Pfoten und Sternen, wie es dir gefällt. Anschließend malst du die Formen dick mit Sockenbremse aus. Gut trocknen lassen und fertig ist deine eigene Reithose.

Fellstulpen

1 Lege die beiden Stoffe rechts auf rechts aufeinander, also die Fellseite auf das Fleece, und hefte sie mit Stecknadeln zusammen. Dann nähst du die beiden Stoffe so nah an der Kante wie möglich aneinander. Eine kurze Seite lässt du offen.

2 Wende das Stoffstück durch die Öffnung, sodass die Fellseite außen liegt.

3 Jetzt faltest du den Stoff, Fellseite auf Fellseite, einmal in der Mitte. An der offenen Kante nähst du die kurzen Seiten zusammen, wodurch ein Ringe entsteht.

4 Zum Schluss drehst du den Ring auf rechts, damit das Fell wieder außen liegt. Streiche das Fell glatt und die Stulpen sind bereit für den nächsten Ausritt.

Kleiner Wildfang

Hobby Horse Stifttopper

Du brauchst

- Babysocke, Größe 74/80
- Filzrest in Weiß
- Wolle in Schwarz
- Kunstleder in Schwarz
- Füllwatte
- Satinband in Rosa
- Stift
- Textilkleber
- Sticknadel

Vorlagen
auf Seite 85

1 Als Erstes stopfst du die kleine Socke mit Füllwatte aus, bis sie prall gefüllt ist.

2 Die gefüllte Socke steckst du auf deinen Stift und bindest sie mit ein Stück Satinband gut fest. Ein weiteres Stück Satinband knotest du vorne um die Socke, sodass sich ein Näschen bildet.

3 Übertrage die Vorlagen für Auge und Nüster je zweimal auf das Kunstleder und die Vorlage fürs Ohr zweimal auf Filz. Schneide alle Teile aus.

4 Auf das Näschen klebst du links und rechts jeweils eine Nüster. Die Ohren befestigst du am höchsten Punkt des Kopfs. Knapp unter die Ohren klebst du auf beiden Seiten je ein Auge fest.

5 Schneide dir fünf etwa 5 cm lange Wollfäden zurecht, vier für die Mähne und einen für den Schopf. Mit der Sticknadel ziehst du die Fäden bis zur Hälfte auf die Socke und verknotest die beiden Enden vom Faden.

Dein Mini Hobby Horse freut sich, dich zu begleiten, wenn du unterwegs bist.

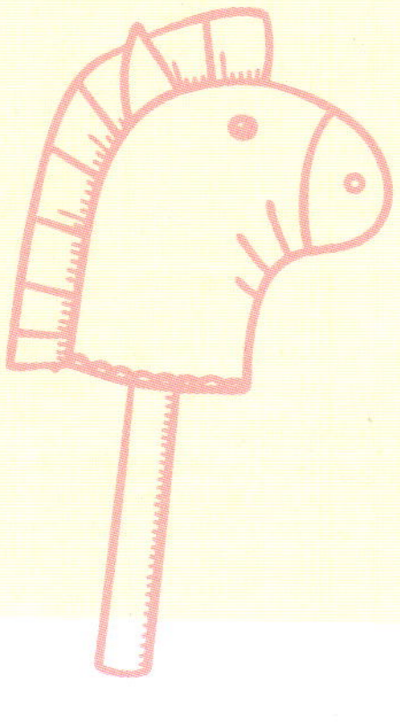

#tonn-
Pony

Immer dabei

Schlüsselanhänger

Du brauchst
- Schrumpffolie
- Schlüsselring
- Bindering
- Buntstifte
- wasserfester Stift in Schwarz
- Bürolocher

Vorlagen
auf Seite 86

1 Such dir einen Anhänger aus und übertrage die Vorlage auf die Schrumpffolie. Auf der rauen Seite der Folie zeichnest du mit dem Stift den Umriss, Auge und Nüster auf.

2 Für die Mähne malst du entweder mit Buntstiften farbige Strähnen auf die Folie oder du setzt abwechselnd kleine und große Punkte mit dem Filzstift. Die Farbtöne werden beim Schrumpfen intensiver und leuchtender.

3 Schneide den Pferdekopf aus und schreibe den Hashtag deine Wahl auf den Anhänger. Hinter den Ohren, nah am Rand, lochst du die Folie, damit du später den Schlüsselring befestigen kannst.

4 Der Pferdekopf wird für 3–5 min bei 130 °C im vorgeheizten Ofen mit Ober- und Unterhitze gebacken. Beachte die Gebrauchsanweisung für den korrekten Umgang mit Schrumpffolie.

5 Hol den Anhänger aus dem Ofen und lass ihn auskühlen. Zum Schluss befestigst du mit dem Bindering den Schüsselring am Loch aus Schritt 3.

#TOPPpony

Teile Bilder von dir und deinem Hobby Horse mit #topp-pony!
Entdecke unter dem Hashtag andere Reiter und ihre selbstgemachten Pferde und lass dich inspirieren!

Des Reiters neue Kleider
SEITE 76

Wimpelkette
SEITE 56

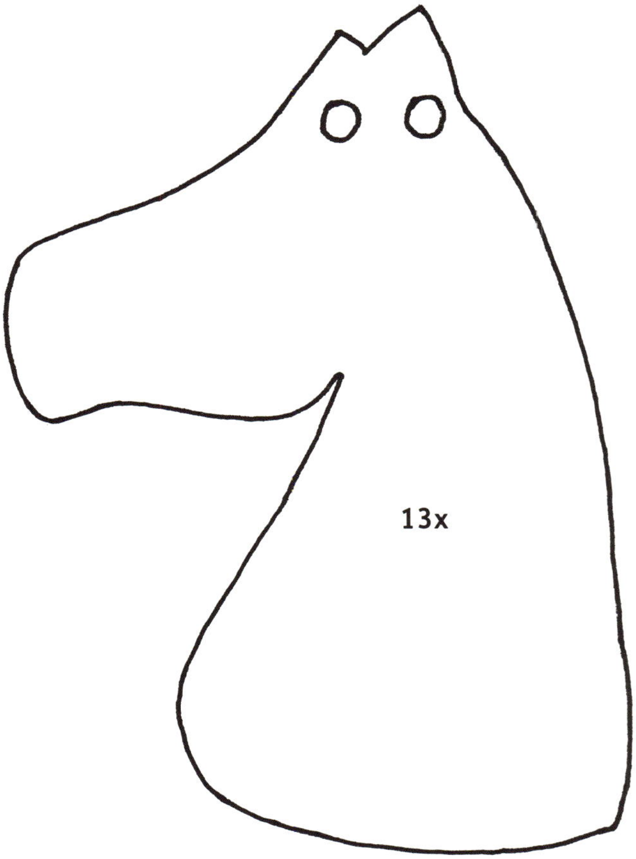

Gut geplant

SEITE 60

Kleiner Wildfang

SEITE 78

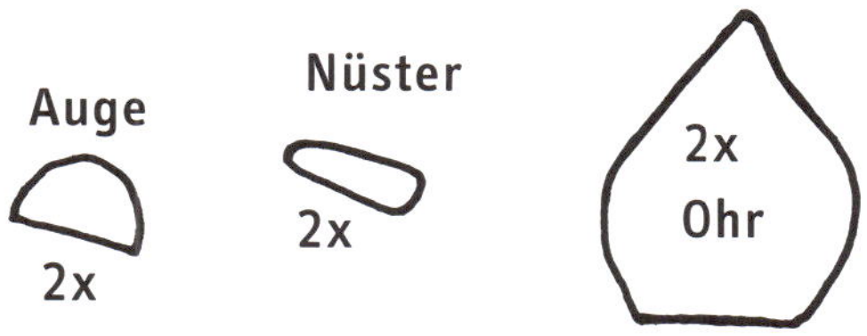

Hier wohnt
SEITE 74

Immer dabei
SEITE 80

Hier wohnt

SEITE 74

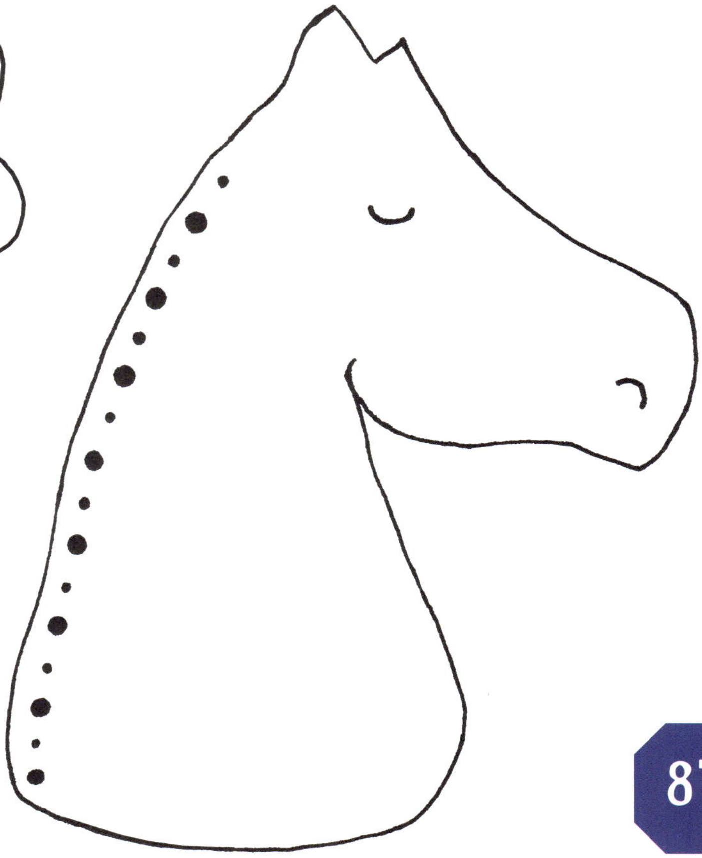

Immer dabei

SEITE 80

Mehr Kreativ-Bücher zum gleichen Thema gesucht?

ISBN 978-3-7724-7954-0

ISBN 978-3-7724-4473-9

ISBN 978-3-7724-4956-7

ISBN 978-3-7724-8440-7

ISBN 978-3-7724-7876-5

ISBN 978-3-7724-7798-0

ISBN 978-3-7724-8423-0

ISBN 978-3-7724-8460-5

ISBN 978-3-7724-4958-1

Buchtipps

ISBN 978-3-7724-8452-0

ISBN 978-3-7724-7493-4

ISBN 978-3-7724-7494-1

ISBN 978-3-7724-8442-1

ISBN 978-3-7724-8465-0

ISBN 978-3-7724-8450-6

ISBN 978-3-7724-4396-1

ISBN 978-3-7724-8477-3

ISBN 978-3-7724-4978-9

Noch mehr Kreativ-Bücher findest du auf www.TOPP-kreativ.de

#TOPPPROJEKT

Die eigene Kreativität zeigen: TOPPprojekt mit anderen Kreativen teilen und Teil der Gemeinschaft werden.

DIY-begeistert und auf Instagram? Dann unbedingt mitmachen! Hier gibt's Tipps und Feedback zu den eigenen Projekten. Außerdem verlosen wir jeden Monat ein Überraschungspaket. Um am Gewinnspiel teilzunehmen, einfach ein Bild vom Kreativ-Projekt aus unseren Büchern mit #TOPPprojekt posten und unserem Account @frechverlag folgen. Mehr Infos auf TOPP-kreativ.de/TOPPprojekt

Website
Auf TOPP-kreativ.de kannst du ein riesiges Angebot von über 1.000 Kreativbüchern, Sets & mehr entdecken.

Newsletter
Gleich anmelden unter: TOPP-kreativ.de/newsletter und immer als Erstes von unseren Neuheiten und Sonderaktionen erfahren.

Instagram
@frechverlag

Pinterest
pinterest.com/frechverlag

Facebook
facebook.com/frechverlag

DigiBib
Hier findest du zusätzlich zu vielen unserer Bücher digitale Extras, wie Video-Tutorials, Plotter-Dateien, Vorlagen, Übungsblätter & vieles mehr. Einfach im Impressum deines TOPP-Buchs den Freischalte-Code nachschlagen und exklusive Inhalte freischalten. TOPP-kreativ.de/digibib

Youtube
youtube.com/frechverlag

Wer wir sind, wie wir arbeiten, was wir lieben …

Auf Instagram, Facebook und Pinterest findest du mehr über uns und unsere Arbeit und wirst immer schnell und einfach mit den neuesten Infos versorgt.

Alle News, alle Infos und alle Links findest du auf www.TOPP-kreativ.de

Autorin

Nadine Abruzzese

Vormittags Industriekauffrau und nachmittags ganz viel Glitzer auf der Stirn, das ist Nadine Abruzzese. Zusammen mit ihren Kindern; und am liebsten noch das Pony mit am Tisch; wird gebastelt, gemalt und genäht – alles rund um das Thema Kinder, Pferde und Dinos.

Kreativ Hotline

Hilfestellung zu allen Fragen, die Materialien und Bücher zu kreativen Hobbys betreffen: Frau Erika Noll berät Sie. Rufen Sie an oder schreiben Sie eine E-Mail!

Telefon: 05052/911858*
E-Mail: mail@kreativ-service.info
*normale Telefongebühren

Downloads in der Digitalen Bibliothek unter www.topp-kreativ.de/digibib.
Der Freischalte-Code für Vorlagen und Pferdepass lautet: 11138

Impressum

MODELLE, TEXTE UND SCHRITTZEICHNUNGEN: Nadine Abruzzese

FOTOS: frechverlag GmbH, 70499 Stuttgart; Shutterstock: MAURI RATILAINEN/EPA-EFE (Pferdeschau, Dressurwettbewerb, Springreiten S. 34 und Reitergruppe beim Trainingslager, Leckerli zwischendurch, Aufwärmen fürs Springen S. 35)

ILLUSTRATIONEN: Nadine Abruzzese (S. 32, 33), freepik (alle übrigen)

PRODUKTMANAGEMENT: Nele Schlötzer

LEKTORAT: Cora Friedrich, Nele Schlötzer

COVERGESTALTUNG: Sandra Preinl

GESAMTHERSTELLUNG/LAYOUT/SATZ: Heike Köhl

DRUCK UND BINDUNG: POLYGRAF PRINT spol. s r.o.

2. Auflage 2021

ISBN 978-3-7724-4952-9 Best.-Nr. 4952